LES PUBLICATIONS MODUS VIVENDI INC.
55, rue Jean-Talon ouest, 2e étage
Montréal (Québec)
Canada
H2R 2W8

Directeur éditorial : Marc Alain
Designer graphique : Catherine Houle
Photographe : André Noël
Stylisme culinaire : Simon Roberge
Réviseure linguistique : Hélène Boulanger
Relectrice : Andrée Laprise

Dépôt légal - Bibliothèque et Archives nationales du Québec, 2008
Dépôt légal - Bibliothèque et Archives Canada, 2008

ISBN-13 978-2-89523-487-6

Nous reconnaissons l'aide financière du gouvernement du Canada par l'entremise du Programme d'aide au développement de l'industrie de l'édition (PADIÉ) pour nos activités d'édition.

Gouvernement du Québec - Programme de crédit d'impôt pour l'édition de livres - Gestion SODEC

Imprimé en Chine

La bible du blender

Louise Rivard

MODUS VIVENDI

Introduction

Dans la *Bible du blender*, vous découvrirez comment tirer profit au maximum de votre mélangeur. Sortez votre appareil de l'armoire, le temps est venu de lui donner une seconde chance !

Cette nouvelle BIBLE vous offre un vaste choix de plus de 175 recettes variées réparties en 8 sections principales. En plus des recettes, j'ai compilé de l'information technique ainsi que des conseils d'utilisation pratique pour le mélangeur traditionnel comme pour le mélangeur par immersion. Ce dernier gagne en popularité et c'est tout à fait justifié. En parcourant ces pages d'introduction, vous serez en mesure de choisir l' appareil qui convient le mieux à votre style de vie. Si vous êtes du genre multitâches, le mélangeur sur socle traditionnel vous conviendra le mieux. Toutefois, chacun a ses avantages et il faut, dans les deux cas, en apprivoiser le fonctionnement.

Les recettes de cette BIBLE vous permettront d'apprêter vos fruits et légumes rapidement et avec le minimum d'ustensiles ou de gadgets de cuisine. La variété est encore une fois au rendez-vous : choisissez parmi les délicieux mélanges de smoothies des recettes de soupes et de potages réconfortants, des cocktails santé à boire en toute occasion, des sauces et des vinaigrettes pour rehausser vos salades et vos collations de crudités, des compotes et des purées pour accompagner vos plats du jour. Vous y trouverez également une section de sauces d'accompagnement pour les pâtes, une section pour vous sucrer le bec, la section desserts et glaces et, pour terminer, la magnifique section sur les purées pour bébé.

Dans cette section, j'ai tenté d'apporter une touche d'originalité aux menus des futurs gourmets de ce monde ! Bien que cette section leur soit consacrée, n'allez pas croire que vous ne pouvez pas en profiter. Bien au contraire ! Je dois vous avouer que j'adore ces purées pour bébé ! Vous pourrez utiliser ces recettes pour toute la famille. Il vous suffira d'y ajouter une touche personnelle en modifiant les quantités de sel et autres condiments au goût prononcé qui, comme vous le savez, doivent être minimisés dans la nourriture pour bébé. Je vous invite à explorer cette section même si vous n'avez pas de poupon… Ajoutez un brin d'herbe par ici, une petite échalote suée par là et voilà ! Vous venez de concocter une délicieuse purée pour accompagner votre plat principal. Et que dire des recettes de purées de fruits ? Ces délicieuses purées sauront relever vos collations de yaourt nature ou votre muesli du petit-déjeuner et constitueront aussi un délicieux dessert à glisser dans la boîte à lunch de vos enfants.

Dans ces recettes, je propose d'utiliser des succédanés très peu caloriques comme la poudre de stévia naturelle, qui est de plus en plus utilisée dans les régimes pour tous les problèmes reliés au sucre (diabète, hypoglycémie, cholestérol, embonpoint) et le nectar d'agave, un produit du Mexique dont l'indice glycémique est très bas.

Je vous laisse le loisir de cuisiner selon vos préférences et de faire preuve de créativité aussi souvent qu'il vous plaira. Surtout, je souhaite que vous preniez plaisir à cuisiner santé pour vous, pour vos amis et pour votre famille !

Utilisation du mélangeur sur socle

Quelques conseils de sécurité en vrac

Vérifiez l'état du cordon et de la fiche surtout si votre appareil est usagé.

Inspectez la prise de courant où vous ferez le branchement. Elle doit être sécuritaire et ne pas faire de petites étincelles lorsque vous y branchez un appareil. Si tel était le cas, veillez à faire réparer cette sortie électrique pour éviter tout risque d'électrocution.

Essuyez la surface de travail avant de commencer et de sortir tous les ingrédients.

Choisissez un espace éloigné de toute source d'eau telle que l'évier de la cuisine, par exemple.

Stabilisez l'appareil sur une surface de travail propre et sèche avant de commencer.

La plupart des modèles de mélangeurs sont munis de petits coussinets à la base qui en augmentent la stabilité. Si votre appareil en est dépourvu ou n'en a plus, augmentez-en la stabilité en le plaçant sur un rectangle en caoutchouc antidérapant. Les grands magasins vendent habituellement des rouleaux flexibles caoutchouteux à multiples usages qui conviennent parfaitement.

Installez l'appareil à une bonne distance du rebord du comptoir, de la table ou de l'aire de travail afin d'éviter qu'il ne bascule.

Branchez l'appareil en prenant soin de ne pas travailler en étirant le cordon au maximum, ce qui risquerait d'abîmer la fiche. Au besoin, utilisez une rallonge pour cuisiner agréablement et à l'endroit que vous désirez.

Ne laissez pas un jeune enfant utiliser ou même nettoyer un mélangeur à cause des risques d'éclaboussures et de coupures.

Débranchez et rangez l'appareil dans une armoire hors de portée des enfants. Ce conseil s'applique pour tous les appareils de la maison en général : les boutons sont très attirants pour les enfants.

Rangez l'appareil dans un endroit sec. N'enroulez pas le fil autour de l'appareil, car il pourrait s'effilocher à la longue.

Conseils pratiques d'utilisation

Veillez à toujours mettre le couvercle bien en place avant de faire fonctionner le mélangeur.

Bien insérer la base avant de commencer pour obtenir le maximum de puissance.

Il est préférable de tenir le contenant d'une main lors de l'utilisation.

Ajoutez les ingrédients par le haut du contenant, en petite quantité à la fois. Cela est souhaitable pour prévenir les déversements. Par exemple, si vous préparez une recette de potage dont la quantité de liquide est d'un litre (environ 4 tasses) en plus des légumes et des autres ingrédients, procédez en 3 ou 4 étapes.

Ne remplissez jamais le contenant à ras bord. Idéalement, remplissez-le à moitié, sans jamais dépasser les trois quarts. La raison est toute simple : lorsque la lame entre en action, les ingrédients s'élèvent dans le contenant. Il est préférable de faire quelques lots plutôt que de grandes quantités.

À moins de mention contraire dans la recette, versez les ingrédients liquides en premier dans le contenant, avant les ingrédients solides. De cette façon, le moteur force moins et le mélange se fait plus rapidement.

Évitez de faire fonctionner le mélangeur plus de 4 minutes consécutives sans pause de refroidissement du moteur.

Enlevez tout ustensile à l'intérieur du contenant avant la mise en marche.

Assurez-vous de n'utiliser un ustensile à racler (spatule flexible) que lorsque le mélangeur est complètement arrêté. Évitez de racler près des lames. Si vous voulez récupérer ce qui est resté « coincé » près des lames, dévissez la base tout en faisant attention de ne pas vous couper. Utilisez un petit couteau par exemple.

Ne cuisinez pas à « bout de bras ». Faites un test avant avec vos ustensiles préférés, cela pourrait vous éviter de renverser des ingrédients.

Essayez différentes grandeurs de cuillères et de tasses à mesurer et choisissez les ustensiles qui conviennent le mieux pour les différentes étapes de transfert d'ingrédients. À tout le moins, laissez quelques ustensiles prêts à être utilisés sur votre aire de travail et près du mélangeur.

Assurez-vous que le moteur ne fonctionne pas avant de retirer le contenant de la base du socle.

Manipulez le contenant toujours de l'extérieur en le tenant solidement avec une ou deux mains, une fois le moteur arrêté.

Ne déposez pas d'ingrédients avec les mains ou avec un ustensile dans le contenant lorsque le moteur est en marche pour éviter les blessures et les risques d'endommager l'appareil.

Transvidez soigneusement le contenu et rincez le contenant. N'utilisez pas le contenant pour conserver les aliments ou les ranger au réfrigérateur. Ayez sous la main des bocaux, des contenants ou des sacs de plastique à glissière pour conserver votre préparation si vous ne la consommez pas immédiatement.

Ne rangez pas d'aliments ou de boissons dans le contenant.

Comme vous le constaterez à la lecture de ce livre, le mélangeur est un appareil très performant et polyvalent. Toutefois, malgré toute votre bonne volonté ou vos talents culinaires, il ne convient pas à toutes les recettes. Un mélangeur ne peut piler les pommes de terre, hacher la viande ou extraire les jus de légumes ou de fruits, et il n'est pas conçu pour battre les blancs d'œufs en neige ou pour pétrir la pâte à pain, la pâte à tarte ou à biscuits.

Utilisez le bouton « pulser » dans tous les cas où vous cuisinez du fromage, des légumes ou des fruits fermes. Il est conseillé de les couper en petits cubes au préalable. Passez à de plus grandes vitesses à mesure que vous râpez. L'addition de liquide peut s'avérer nécessaire.

Ne surchargez pas le contenant : divisez les portions à mélanger pour réussir plus rapidement la recette.

Munissez-vous d'un bol ou d'une assiette creuse, d'une tasse à mesurer ou de votre vaisselle de service pour transvider au fur et à mesure le contenu mélangé.

Si vous râpez du fromage dur, coupez-le en petits cubes et mettez-en de petites portions dans le contenant. Couvrez et procédez à vitesse maximum.

Évitez la surcharge, surtout avec des aliments fermes. Utilisez le bouton de pulsation et râpez jusqu'à la consistance désirée. Râper sans addition de liquide demande obligatoirement de procéder par petites quantités à la fois.

Coupez tous les aliments solides en morceaux d'environ 2,5 cm (1 pouce), maximum 5 cm (2 pouces), avant de les déposer dans le mélangeur.

La prudence est de rigueur lorsque vous manipulez des mélanges chauds provenant de la cuisinière ou du micro-ondes. Dans de tels cas, il est conseillé de procéder par portions, pour éviter les éclaboussures et donc les risques de brûlures.

Utilisez une cuillère à soupe avec laquelle vous êtes à l'aise ou une louche pour manipuler des solides si vous enlevez le couvercle.

Retirez le capuchon au centre du couvercle (bouchon) avant de commencer. C'est une très bonne habitude à prendre plutôt que de laisser le couvercle entrouvert et de risquer des éclaboussures.

Communiquez avec le fabricant si vous décelez des irrégularités dans le fonctionnement du moteur (bruits étranges) ou des changements dans la performance, si des boutons demeurent enfoncés, etc.

Comment nettoyer son mélangeur

Il ne faut jamais immerger la base de l'appareil dans l'eau ou dans un autre liquide ou le nettoyer au lave-vaisselle. Le moteur risquerait de ne plus fonctionner.

Seul le contenant et ses accessoires, tels que le couvercle, le bouchon et la base contenant les lames en acier intérieures peuvent être lavés au lave-vaisselle.

Dévissez la base du contenant avec précaution pour éviter de vous couper avec les lames. Soulevez l'anneau isolant. Il faut manipuler avec prudence cette partie munie de lames très coupantes.

Vous pouvez choisir de les faire tremper dans une eau savonneuse.

Utilisez une petite brosse ronde servant au nettoyage des bouteilles.

Déposez les parties de la base dans le compartiment à ustensiles du lave-vaisselle en prenant soin de rabaisser le couvercle.

Séchez complètement le contenant et les autres pièces avec un chiffon sec.

Remontez les pièces de la base en terminant avec l'anneau de caoutchouc qui assure l'étanchéité.

Vissez solidement lors de l'assemblage des pièces.

Il est conseillé de ne pas entreposer le contenant muni de son couvercle.

Quelques conseils de sécurité en vrac

Les lames du mélangeur à immersion sont très tranchantes : il faut le manipuler avec soin pendant toutes les opérations du mélange, durant le nettoyage et jusqu'à l'entreposage.

Tenir l'appareil par la partie supérieure où sont situés le ou les interrupteurs momentanés de vitesse.

S'assurer que le pied de l'appareil est solidement verrouillé avant de l'actionner.

Comme pour l'appareil classique, sur socle, n'ajoutez aucun ingrédient lorsqu'il est en marche. Arrêtez l'appareil et ajoutez ce que vous désirez avant de le remettre en marche.

Laissez l'appareil s'arrêter quand vous avez terminé et ne le sortez pas trop rapidement du contenant si vous ne voulez pas éclabousser tout autour de vous.

Débranchez l'appareil pour le nettoyer, pour le monter ou pour le défaire.

Prenez toujours la précaution de débrancher l'appareil et rangez-le dans une armoire hors de portée des enfants. Malgré son apparence esthétique, il ne doit pas être laissé sur le comptoir. Le fait qu'il soit portable et muni d'un bouton de contrôle facile à repérer représente un danger. Ce conseil s'applique pour tous les appareils de la maison en général : rangez-les immédiatement après usage.

Évitez de toucher aux pièces de l'appareil avec un ustensile (et encore moins avec vos doigts) lorsqu'il est en marche. Évident n'est-ce pas !

Prenez garde aux chocs électriques : n'immergez jamais l'appareil lorsqu'il est branché, que ce soit pour le rincer ou pour le laver après usage. Les risques d'électrocution sont toujours présents.

N'immergez pas la partie du moteur.

Cet appareil est conçu pour être utilisé à l'intérieur.

Cessez d'utiliser un appareil dont le cordon est endommagé ou lorsque se produit un ennui mécanique. Il faut alors le faire réparer ou le retourner chez le fabricant.

Placez l'appareil loin de toute source de chaleur telle que cuisinière, brûleur, ensemble à fondue ou toute surface chaude.

Utilisez un récipient approprié pour réaliser vos recettes. Selon la quantité de mélange, optez pour une grande tasse à mesurer, un chaudron ou un bol. Le récipient doit tolérer la chaleur, particulièrement dans le cas des mélanges liquides. Veillez à maintenir en place le contenant choisi en posant les mains à l'extérieur. Travaillez avec des quantités raisonnables.

Déplacez l'appareil en mouvements circulaires dans le contenant, sans trop le soulever afin d'éviter les éclaboussures. Ces appareils ont été conçus pour des usages domestiques réguliers.

Conseils pratiques d'utilisation

Avec le fouet contenu dans les accessoires supplémentaires optionnels, il est facile de réaliser des meringues.

Le hachoir permet de hacher rapidement légumes et fruits.

Purées pour bébés

Cette section plaira aux nouvelles mamans en quête de recettes faciles et originales à réaliser pour bébé. J'ai voulu donner quelques conseils de base pour vous aider à mieux sélectionner la nourriture que vous allez cuisiner pour votre progéniture. Il serait sage de consulter votre pédiatre pour toute question de santé concernant votre bébé.

Cette section, la plus volumineuse, vous propose des purées de légumes et de fruits, à variétés uniques ou combinées. Plusieurs recettes comportent des suggestions pour faire de ces purées de base des repas complets, c'est-à-dire en y ajoutant une source de protéine.

Petits conseils pour la santé de bébé

La qualité nutritive des aliments destinés au bébé est essentielle à sa bonne santé. Je conseille vivement aux parents d'éviter les nourritures de restaurant ou les préparations commerciales (surgelées ou autres), sachant qu'il y a de fortes chances qu'elles contiennent des additifs chimiques, des colorants alimentaires ou toute autre substance qui ne serait pas entièrement naturelle.

Il serait souhaitable d'acheter des légumes, des fruits, des céréales et des viandes biologiques de haute qualité. Tout simplement pour éviter tout apport toxique.

Une petite mise au point s'impose avant que vous commenciez à cuisiner les recettes de purées de ce livre : toutes ces recettes ont été créées en se référant à des produits biologiques sans risque pour bébé.

Ainsi, j'ai ajouté l'eau de cuisson aux légumes et aux fruits dans le mélangeur, ce que je déconseille de faire si vos légumes ou vos fruits ne sont pas certifiés d'agriculture biologique, tout particulièrement les légumes racines (pomme de terre, carotte, rutabaga).

Pour les fruits et légumes non biologiques, remplacez l'eau de cuisson que vous utiliseriez pour faire la purée par de l'eau filtrée ou bouillie. L'essentiel c'est d'éviter tout résidu chimique qui, dans tous les cas, ne peut être bon à ingérer pour un bébé.

Environnement sain

Cherchez à utiliser des ingrédients les plus naturels possible.

Plusieurs risques d'allergie peuvent être évités quand un bébé évolue dans un environnement sain. Ce que j'entends par « environnement sain », c'est tout simplement sa maison, sa garderie, ses parents, les gens qui en prennent soin.

Pour le volet maison, je vous conseille de ne pas utiliser de produits de nettoyage puissants dégageant des vapeurs ou des parfums chimiques toxiques.

Utilisez des produits naturels biodégradables et non toxiques pour laver votre vaisselle. Le choix ne manque pas. On les trouve maintenant dans les supermarchés et certains établissements offrent même la formule d'achat en vrac.

Allégez vos produits de toilette parfumés : eau de toilette, savon pour le corps, crème à main, lotion après-rasage, etc. Tous ces articles contiennent souvent des produits de synthèse chimique qui seront inhalés par votre bébé lorsque vous lui donnerez à boire ou à manger, quand vous lui ferez faire son rot, toutes les fois que vous le prendrez dans vos bras. Rien de mieux pour ses premières expériences olfactives que les bonnes odeurs naturelles de la nourriture que vous lui servirez.

À défaut d'utiliser des produits vraiment naturels, ce qui est rarissime dans les produits de parfumerie commerciale, prenez une pause parfum-cosmétique pendant les premières années. Demandez à papa, grand-maman et grand-papa de faire de même.

Au sujet des protéines (partie B)

Les protéines sont très importantes voire indispensables au développement de bébé. Il en a besoin pour bâtir les tissus de ses nerfs, de ses os et de son cerveau, au moins jusqu'à l'âge de trois ans. Il faut intégrer suffisamment de protéines dans l'alimentation, tout particulièrement durant les périodes de pleine croissance de l'enfance à l'adolescence. Le bébé comme l'adulte ne fabrique pas ses protéines, il doit en consommer dans son alimentation quotidienne.

Portez attention à la qualité des protéines qui entrent dans la nourriture de bébé. Les protéines servent aussi à la constitution des muscles, des cheveux, du sang, de la peau, des hormones, des enzymes et des anticorps. C'est peu dire !

Choisissez judicieusement les préparations de lait maternisé en évitant les marques commerciales à forte concentration de glucides (sucre) et pauvres en protéines.

Diminuez l'apport de glucides (sucre raffiné) est aussi valable pour un nourrisson que pour vous, adulte, maman qui allaitez. Vous vous doutez bien que les glucides produisent plus de graisse (un bébé bouffi plutôt qu'un beau bébé robuste et alerte).

Consultez les suggestions de variations à apporter à plusieurs recettes de purée de légumes ou de fruits où je vous invite à faire des ajouts de base de protéines à l'aide d'ingrédients que vous avez facilement sous la main.

Recyclez votre souper : les restes sont souvent très faciles à réduire en délicieuses purées. Il vous suffit d'y ajouter un peu d'eau filtrée, du lait (de votre choix) ou encore un bouillon réduit en sel. Voilà une autre occasion pour tous les membres de votre famille de cuisiner santé sans trop ajouter de sel de table !

Il existe de nombreuses sources de protéines utilisables par l'organisme. Elles sont d'origine animale ou végétale (tofu, poudre de protéine hydrolysée, soya, œufs, petit-lait). Les protéines animales sont plus complètes car elles contiennent les huit acides aminés essentiels, en plus du fer et de la vitamine B12. L'apport d'agrumes contenant de la vitamine C augmente la bonne absorption du fer (ou des aliments en contenant).

Si vous préférez l'alimentation végétarienne, veillez à faire de bonnes combinaisons alimentaires afin d'éviter des carences en fer et en vitamine B12.

TABLEAU DES VALEURS PROTÉINIQUES D'ALIMENTS COURANTS

Source	Portion	Quantité de protéines disponibles
Amandes	100 g (3 c. à s.)	5 g
Beurre d'arachide	15 ml (3 c. à s.)	5 g
Bœuf haché maigre	120 g (4 oz)	32 g
Fromage cottage	125 ml (4 oz)	15 g
Lait de vache	250 ml (8 oz)	9 g
Lait de soya	250 ml (8 oz)	8 g
Légumineuses	250 ml (1 tasse)	15 g
Œufs de poule	1 (calibre gros)	6 g
Poitrine de poulet	120 g (4 oz)	36 g
Saumon	120 g (4 oz)	34 g
Tofu	100 g (3 1/2 oz)	15 g
Yaourt	250 ml (8 oz)	14 g

Tableau d'introduction des solides
dans l'alimentation du bébé

Produits céréaliers contenant du fer en purée

Entre 6 et 9 mois
30 à 60 ml (2 à 4 c. à table) deux fois par jour.
Un seul grain, p. ex. orge, riz, sarrasin bien cuits
Légumineuses : pois chiches, lentilles, variété de haricots bien cuits

Entre 9 et 12 mois
Nouvelles céréales nature :
pain de grains entiers, pâtes, riz, grains (en morceaux) craquelins

Légumes en purée

Entre 6 et 9 mois
Cuits, jaunes, verts, de couleur

Entre 9 et 12 mois
Légumes bien cuits et purée grossière

Fruits en purée

Entre 6 et 9 mois
Purée de fruits cuits et de fruits très mûrs écrasés

Entre 9 et 12 mois
Fruits frais mous, pelés et coupés en petits dés (prélevez les pépins et le cœur)

Viandes et substituts en purée

Entre 6 et 9 mois
Viande, poisson, variété de volailles, tofu, variété de haricots, jaunes d'œufs

Entre 9 et 12 mois
Émincés ou en petits dés

Lait et produits laitiers

À 9 mois
Produits laitiers : yaourt (au moins 3,25 %) fromage cottage ou fromage râpé

Entre 9 à 12 mois
Lait de vache entier (3,25 %)

Après 12 mois
Compter environ 750 ml (24 oz) de produits laitiers par jour.

Note : En-deça de cette quantité, le bébé risque de souffrir d'anémie ferriprive : problème sanguin causé par un manque de fer.

CONSERVATION DES PURÉES

Conservation des purées au congélateur
Fruits et légumes : 6 mois
Viandes, poissons et légumineuses : 2 mois

Conservation des purées au réfrigérateur
Fruits et légumes : 48 heures
Viandes et légumineuses : 24 heures
Poissons : 12 heures

Note : Je vous suggère dans ce livre de cuisiner de petites portions de purée à la fois. Doublez la recette lorsque votre bébé témoigne un goût marqué pour une variété plus qu'une autre.

Évitez de congeler de trop grandes quantités de purées lisses car elles ont une durée variant de 5 à 8 semaines. Pendant ce temps, votre bébé sera probablement rendu à une étape où il sera capable de manger une purée plus épaisse. Vous devrez alors les épaissir.

Table des matières

La bible du blender

Les purées pour bébés

Purée

de tomates et riz

2 grosses tomates

500 ml (2 tasses) d'eau

310 ml (1 1/4 tasse) de riz cuit (blanc ou brun)

5 ml (1 c. à thé) d'huile d'olive bio (facultatif)

Pincée de sel de mer

Chauffer l'eau. Ajouter le sel. Pratiquer une entaille en croix sur la peau de chaque tomate. Les déposer dans l'eau chaude quelques minutes à l'aide d'une louche. Égoutter, peler et retirer le cœur et les graines. Mettre les tomates dans le mélangeur avec le riz et l'huile d'olive. Réduire en purée lisse. Saler au goût. Servir tiède. Donne environ 250 ml (1 tasse).

Purée

de pommes et de concombre

250 ml (1 tasse) de concombre épépiné tranché en cubes

2 pommes Paulard

60 à 80 ml (1/4 à 1/3 tasse) d'eau filtrée

Prélever le cœur des pommes. Peler et tailler en quartiers. Éplucher le concombre et l'épépiner à l'aide d'une cuillère parisienne. Trancher en cubes. Déposer tous les ingrédients rapidement dans le mélangeur pour éviter l'oxydation des pommes. Pulser jusqu'à l'obtention d'une purée onctueuse. Ajouter de l'eau au besoin. Donne environ 500 ml (2 tasses).

Note :

Pour une variation, ajoutez un coulis de mûres que vous aurez pris soin de filtrer pour éliminer les graines. Les petits fruits ayant tout de même des notes acidulées prononcées, l'ajout d'un peu de succédané tel que de la poudre de stévia ou du nectar d'agave bio permettra à bébé de bien traverser son premier baptême gustatif. On évitera en tout temps l'ajout de sucre blanc raffiné.

Purée

de pomme aux dattes

- 1 pomme Gala
- 4 dattes
- 60 ml (1/4 tasse) de lait d'amandes ou de riz bio

Faire tremper les dattes une nuit dans 60 ml (1/4 tasse) d'eau bouillante. Peler et enlever le cœur de la pomme et la couper en morceaux. Verser le lait d'amandes dans le mélangeur. Ajouter les fruits rapidement pour éviter l'oxydation de la pomme. Mixer jusqu'à consistance lisse. Donne 180 ml (3/4 tasse).

Purée
de carottes nantaises

12 carottes nantaises bio
2 ml (1/2 c. à thé) de sel de mer iodé
180 ml (3/4 tasse) d'eau

Cuire les carottes dans l'eau salée. Conserver l'eau de cuisson. Transférer dans le mélangeur. Réduire en purée lisse en ajoutant environ 125 ml (1/2 tasse) d'eau de cuisson dans le mélangeur. Donne environ 375 ml (1 1/2 tasse).

Purée
de panais oméga-3

2 panais (160 g [5 1/2 oz])
1 feuille de laurier
1 ml (1/4 c. à thé) de sel
2 ml (1/2 c. à thé) d'huile de canola bio

Cuire le panais pelé et tranché jusqu'à tendreté dans une eau bouillante salée avec la feuille de laurier. Réduire en purée lisse en ajoutant environ 125 ml (1/2 tasse) d'eau de cuisson et l'huile de canola. Donne environ 250 ml (1 tasse).

Note :

On trouve des oméga-3 dans différentes sources végétales dont l'huile de canola bio.

Purée
de tomate et de pêches

1 tomate moyenne (140 g [5 oz])

2 pêches

Faire une petite croix sur la tomate et les pêches. Les ébouillanter 1 à 2 minutes. Enlever la peau délicatement. Enlever les graines de la tomate. Déposer les fruits coupés dans le mélangeur. Réduire en purée lisse. Donne environ 250 ml (1 tasse).

Note :

Les pêches en conserve sont à éviter, car elles contiennent beaucoup trop de sucre raffiné. Dans le pire des scénarios, vous pouvez essayer de tremper dans l'eau toute une nuit les pêches conservées dans un sirop léger et bien les rincer.

Purée

de kaki tangerine

- 2 petits kakis
- 1 tangerine miel
- 60 ml (1/4 tasse) de jus de mangue ou d'orange
- 60 ml (1/4 tasse) de yaourt nature

Couper la tangerine en quartiers. Prélever les noyaux et peler si désiré. Déposer les fruits coupés dans le mélangeur. Verser le jus. Ajouter le yaourt. Réduire en purée lisse. Donne environ 250 ml (1 tasse).

Crème
de gruau de sarrasin aux raisins (sans gluten)

125 ml (1/2 tasse) de gruau de sarrasin cuit

60 ml (1/4 tasse) de raisins secs trempés

60 ml (1/4 tasse) de lait de soya bio

Cuisson du gruau

125 ml (1/2 tasse) de gruau de sarrasin bio

1 ml (1/4 c. à thé) de sel de mer iodé

310 ml (1 1/4 tasse) d'eau filtrée

Porter l'eau à ébullition. Verser le gruau et le sel et réduire le feu au minimum. Cuire lentement. Remuer de temps en temps. Ajouter de l'eau au besoin. Ajouter les raisins en fin de cuisson. Tiédir. Lier le gruau avec du lait de soya. Donne 250 ml (1 tasse) de céréale cuite. Déposer dans le mélangeur. Pulser jusqu'à l'obtention d'une purée lisse. Remuer. Servir tiède ou congeler.

Purée
aux deux melons

Environ 300 g (10 1/2 oz) de melon de miel

Environ 300 g (10 1/2 oz) de cantaloup

Peler les melons. Couper la chair en cubes. Mélanger jusqu'à consistance lisse. Donne 250 ml (1 tasse).

Note :

En plus des boules de melon congelées à mastiquer, vous pouvez congeler cette purée dans de petits moules de forme arrondie et en donner à bébé pour soulager son inconfort lors de la poussée des dents.

Purée
d'épinards oméga-3

80 ml (1/3 tasse) d'épinards cuits
2 ml (1/2 c. à thé) d'huile de chanvre
Sel de mer végé

Cuire les épinards dans une eau légèrement salée. Égoutter en pressant les feuilles cuites contre le tamis avec le dos d'une cuillère. Conserver l'eau de cuisson. Réduire en purée lisse en ajoutant environ 125 ml (1/2 tasse) d'eau de cuisson et l'huile de chanvre. Donne environ 80 ml (1/3 tasse).

Note :

Les huiles suivantes peuvent convenir puisqu'elles sont riches en oméga-3 : huile de lin (à utiliser en très petites quantités en mélange avec d'autres huiles, car son goût est très prononcé), huile de canola bio, huile de citrouille, huile de noix de Grenoble. Vous pouvez donc varier les saveurs de ces petites purées, tout en les enrichissant d'huiles excellentes pour la santé.

Purée

de bœuf et de pois verts

- 150 g (5 1/4 oz) de bœuf haché maigre
- 15 ml (1 c. à soupe) d'oignon jaune haché
- 1 ml (1/4 c. à thé) de sauce Worcestershire
- 180 ml (3/4 tasse) d'eau filtrée
- 250 ml (1 tasse) de petits pois verts surgelés
- 125 ml (1/2 tasse) d'eau filtrée

Cuire le bœuf et l'oignon dans un poêlon en remuant. Verser la sauce Worcestershire quand le bœuf est presqu'à point. Dégraisser. Porter un peu d'eau filtrée à ébullition. Incorporer les petits pois et retirer du feu. Laisser dans l'eau environ 5 minutes. Égoutter. Verser l'eau filtrée dans le mélangeur. Ajouter le bœuf et les pois cuits. Réduire en une purée lisse. Donne 160 ml (2/3 tasse).

Note :

Il est préférable de cuire en même temps sur la cuisinière les légumes et la viande. Il faut donc avoir sous la main tous les ingrédients avant de débuter.

Purée

de mangue et d'ananas

- 1 mangue moyenne
- 250 ml (1 tasse) d'ananas avec le jus
- Env. 30 ml (1/8 tasse) d'eau filtrée, de lait de soya ou de lait de riz

Tailler la mangue en quartiers. La peler. Déposer tous les ingrédients dans le mélangeur. Pulser jusqu'à l'obtention d'une purée onctueuse. Ajouter du lait de soya ou de l'eau au besoin. Transférer dans des cubes à congélation ou dans un sac de congélation. Donne environ 500 ml (2 tasses).

Note :

Achetez quelques mangues de plus et lorsqu'elles sont bien mûres pour cette recette, coupez-en une en lanières de la grosseur de petites carottes en arrondissant les bouts. Congelez les lanières dans de petits sacs de plastique et servez-en à bébé (directement du congélateur) lors de la poussée des dents.

Purée

de nectarines, banane et tomates

- 1 petite banane mûre
- 2 nectarines mûres
- 2 tomates jaunes ou oranges moyennes (ou 12 à 15 tomates cerises)
- 250 ml (1 tasse) d'eau

Peler et dénoyauter soigneusement les nectarines. Chauffer l'eau. Pratiquer une entaille en croix sur la peau de chaque tomate. Les déposer dans l'eau chaude quelques minutes. Égoutter, peler et retirer le cœur et les graines ou les presser dans un tamis fin. Déposer tous les ingrédients dans le mélangeur. Pulser jusqu'à l'obtention d'une purée onctueuse. Donne environ 250 ml (1 tasse).

Purée

d'avocat à l'orange oméga-3

1 avocat moyen

60 à 75 ml (4 à 5 c. à soupe) de jus d'orange pur

2 ml (1/2 c. à thé) d'huile de noix de Grenoble (facultatif)

Couper l'avocat en deux. Dénoyauter à l'aide d'une cuillère. Retirer la chair. Transférer dans le mélangeur. Verser le jus d'orange et l'huile de noix. Pulser jusqu'à consistance lisse. Transférer dans des cubes à congélation ou dans un sac de congélation. Donne 125 ml (1/2 tasse).

Purée
de carottes et de canneberges

3 petites carottes (200 g [7 oz])

1 ml (1/4 c. à thé) de sel de mer iodé

80 ml (1/3 tasse) de canneberges séchées

80 ml (1/3 tasse) d'eau bouillante

1 ml (1/4 tasse) de jus d'orange frais

60 à 80 ml (1/4 à 1/3 tasse) d'eau de cuisson

Pincée de sel de mer (facultatif)

Faire bouillir l'eau. Verser l'eau sur les canneberges. Laisser tremper environ 1 heure. Conserver l'eau de trempage. Trancher les carottes en rondelles. Cuire à l'étuvé avec une pincée de sel de mer en utilisant l'eau de trempage des canneberges. En ajouter au besoin. Conserver encore l'eau de cuisson. Verser tous les ingrédients dans le mélangeur. Pulser jusqu'à l'obtention d'une purée onctueuse. Ajouter un peu d'eau de cuisson au besoin. Donne 310 ml (1 1/4 tasse).

Purée
de poivron doux et d'ananas

1 gros poivron jaune (150 g [5 1/4 oz])
250 ml (1 tasse) d'eau filtrée
60 ml (1/4 tasse) d'ananas
Pincée de sel de mer

Chauffer l'eau. Ajouter le sel. Couper le poivron en quartier. Le débarrasser du cœur et des graines. Le déposer dans l'eau chaude quelques minutes à l'aide d'une louche. Égoutter et peler. Mettre dans le mélangeur avec l'ananas. Pulser jusqu'à l'obtention d'une purée onctueuse. Ajouter un peu d'eau de cuisson au besoin. Donne 250 ml (1 tasse).

Purée

banane-kiwi

- 1 banane
- 1 à 2 kiwis
- 60 ml (1/4 tasse) d'orge perlé cuit
- 60 ml (1/4 tasse) de lait de riz bio
- Quelques gouttes d'extrait de vanille pure

Peler les kiwis. Couper les fruits en morceaux grossiers. Verser le lait de riz dans le mélangeur. Ajouter les fruits et l'orge cuit. Réduire en une purée lisse. Filtrer au besoin. Donne 250 ml (1 tasse).

Variations :

Utiliser la même quantité de gruau de sarrasin, du riz entier ou encore des flocons d'avoine. Ajouter un coulis de pêches ou de la sauce aux pommes.

Purée

protéinée à l'ananas et à la banane

Une tranche d'ananas (100 g [3 1/2 oz])

Une moitié de banane

80 ml (1/3 tasse) de lait d'amande à la vanille

10 à 15 ml (2 à 3 c. à thé) de poudre de soya à la vanille

Verser le lait d'amande dans le mélangeur. Ajouter l'ananas, la banane et la protéine de soya. Réduire en purée lisse. Donne environ 250 ml (1 tasse).

Note :

La poudre de protéine à base de petit lait constitue un excellent choix. Commencez à en introduire graduellement dans une première recette pour vérifier la tolérance alimentaire de bébé. Il est important de lire le contenu nutritionnel du produit et de vérifier si des succédanés nocifs pour la santé (aspartame) et des saveurs artificielles ont été ajoutés.

Purée

de porc et de brocoli

- 175 g (6 oz) de porc haché
- 1 petit oignon vert
- 125 ml (1/2 tasse) d'eau filtrée
- 2 petites têtes de brocoli
- 125 ml (1/2 tasse) d'eau filtrée
- Sel de mer iodé
- Sauce tamari réduite en sel (facultatif)

Variations :

Utiliser du blanc de poulet cuit, de la dinde, du poisson blanc sans arêtes (raie, lotte) ou du steak haché en remplacement de la viande de porc. Attention de ne pas verser trop de sauce tamari. Même si elle est réduite en sel, sa teneur en sodium (sel) est tout de même très élevée. On peut utiliser de la pâte de soya (miso) bio également.

Cuire le porc et l'oignon dans un poêlon en remuant. Dégraisser. Hacher grossièrement les brocolis. Porter un peu d'eau filtrée salée à ébullition. Incorporer les brocolis. Cuire à l'étuvée à feu doux. Égoutter en récupérant l'eau de cuisson. Verser l'eau de cuisson dans le mélangeur et compléter avec de l'eau filtrée. Ajouter le porc, les brocolis cuits et la sauce tamari au goût. Réduire en une purée lisse. Ajouter un peu de sel de mer au goût. Donne environ 625 ml (2 1/2 tasses).

Purée

dessert protéinée au potiron

250 ml (1 tasse) de potiron cuit

125 ml (1/2 tasse) de jus de pomme et mangue

5 ml (1 c. à thé) de poudre de protéine de soya à la vanille

Cannelle (soupçon)

Couper le potiron en morceaux. Cuire à l'eau à feu moyen-doux à couvert jusqu'à tendreté. Tiédir. Détacher la chair. Verser le jus dans le mélangeur. Incorporer tous les ingrédients. Pulser jusqu'à consistance lisse. Ajouter de l'eau ou du jus au besoin. Donne 250 ml (1 tasse).

Note :

Cette purée est délicieuse faite avec du jus d'orange pur.

Purée

de rutabaga à la mangue

250 ml (1 tasse) de rutabaga cuit

60 ml (1/4 tasse) de jus de mangue (ou jus de pommes et mangue)

Éplucher et couper le rutabaga en cubes. Cuire à feu moyen-doux avec 1 ml (1/4 c. à thé) de sel à couvert, jusqu'à tendreté. Tiédir. Conserver l'eau de cuisson. Incorporer le rutabaga cuit dans le mélangeur avec le jus. Réduire en purée lisse. Donne 330 ml (1 1/3 tasse).

Note : On peut également servir avec du fromage crémeux maigre de chèvre ou de brebis, du yaourt à la vanille ou encore avec une purée de volaille ou de poisson pour augmenter l'apport de protéines.

Purée
de dattes et d'orge

- 125 ml (1/2 tasse) d'orge perlé cuit
- 4 à 5 dattes
- 125 ml (1/2 tasse) de lait de riz bio

Faire tremper les dattes une nuit dans 60 ml (1/4 tasse) d'eau bouillante. Verser le lait de riz dans le mélangeur. Ajouter les dattes et l'orge cuit. Mixer jusqu'à consistance lisse. Donne environ 80 ml (1/3 tasse).

Note : Cuisson de l'orge

- 60 ml (1/4 tasse) d'orge perlé
- 310 ml (1 1/4 tasse) d'eau filtrée
- Pincée de sel de mer

Porter l'eau à ébullition. Verser l'orge et le sel et baisser le feu au minimum. Poser le couvercle et cuire lentement ou jusqu'à ce que l'orge soit très bien cuit. Donne 250 ml (1 tasse) de céréale cuite. Conserver au réfrigérateur 2 jours dans un contenant hermétique ou congeler.

Purée

de semoule de maïs et de ricotta

- 125 ml (1/2 tasse) de semoule de maïs (moyenne-fine)
- 250 ml (1 tasse) d'eau filtrée bouillante
- 1 ml (1/4 c. à thé) de sel de mer
- 60 ml (1/4 tasse) de ricotta
- Pincée de noix de muscade moulue
- Pincée de stévia (facultatif)

Ajouter le sel à la semoule. Verser l'eau bouillante dans un chaudron. Faire tomber la semoule en pluie et cuire à feu doux 2 à 3 minutes en remuant à la cuillère de bois. La semoule épaissira rapidement. Retirer du feu et couvrir 10 minutes. Y mélanger la ricotta, la muscade et la petite pincée de stévia pour une saveur sucrée si désiré. Donne 250 ml (1 tasse).

Purée

protéinée aux pêches et à l'orange

2 petites pêches (100 g [3 1/2 oz])
1 orange en quartiers (100 g [3 1/2 oz])
Quelques gouttes d'extrait de vanille pure
5 à 10 ml (1 à 2 c. à thé) de poudre de protéine de soya

Dénoyauter et peler les pêches. Couper l'orange en quartiers et enlever la peau si désiré. Déposer les fruits coupés dans le mélangeur. Verser la vanille si désiré. Réduire en purée lisse. Ajouter la protéine de soya pour un repas protéiné. Donne environ 250 ml (1 tasse).

Purée

de mangue et de banane

1 mangue moyenne

1 banane moyenne

Environ 30 ml (1/8 tasse) d'eau filtrée, de lait de soya ou de lait de riz

Tailler la mangue en quartiers. La peler. Extirper toute la chair adhérant au noyau avec le dos d'une cuillère. Peler la banane et la couper en morceaux. Déposer tous les ingrédients dans le mélangeur. Pulser jusqu'à l'obtention d'une purée onctueuse. Ajouter du lait de soya ou de l'eau au besoin. Transférer dans des cubes à congélation ou dans un sac de congélation. Donne 375 ml (1 1/2 tasse).

Purée
de rutabaga, carotte et bacon

- 1 petit rutabaga (env. 200 g [7 oz])
- 1 carotte moyenne
- 1/2 tasse (125 ml) de bouillon de poulet
- 1 tranche de bacon bio

Brosser ou éplucher la carotte. Éplucher le rutabaga. Les couper en morceaux. Cuire dans une eau légèrement salée à l'étuvée. Déposer tous les ingrédients dans le mélangeur. Réduire en purée lisse à vitesse maximale jusqu'à ce qu'il n'y ait plus de morceaux de bacon apparents. Donne environ 250 ml (1 tasse).

Variations :

Utiliser une petite tranche (50 g [1 3/4 oz]) de foie de veau cuit (rosé à l'intérieur) avec une échalote française et l'huile d'olive ou encore une petite saucisse bio cuite à l'eau pour varier le mélange de base carotte-navet.

Purée

de carottes à l'ananas et à la pomme grenade

250 ml (1 tasse) de carottes marron

60 ml (1/4 tasse) de jus d'ananas

60 ml (1/4 tasse) de jus de pomme grenade (non sucré)

Brosser ou éplucher les carottes. Les couper en rondelles. Cuire les carottes séparément dans une eau légèrement salée à l'étuvée ou à la marguerite. Déposer dans le mélangeur. Réduire en purée lisse. Servir séparément ou en mélange selon la tolérance. Donne environ 180 ml (3/4 tasse).

Purée

de carottes et mangue

3 carottes moyennes
1 petite mangue
125 ml (1/2 tasse) d'eau filtrée
1 ml (1/4 c. à thé) de sel de mer iodé

Brosser ou éplucher les carottes. Les couper en rondelles. Cuire les carottes dans une eau légèrement salée à l'étuvée. Peler et tailler la mangue en quartiers. Déposer dans le mélangeur. Réduire en purée lisse. Ajouter de l'eau au besoin. Servir séparément ou en mélange selon la tolérance. Donne environ 180 ml (3/4 tasse).

Purée
aux deux courges et à la patate douce

- 1 gros pâtisson
- 1 petite courge butternut
- 1 patate douce
- Sel de mer iodé
- Eau filtrée

Note :

Cette purée est savoureuse mélangée avec un jus de fruits : ananas, mangue ou orange. On peut y ajouter du fromage réduit en gras, ricotta ou de chèvre, du yaourt nature ou encore une purée de volaille.

Préchauffer le four à 175 °C (350 °F). Couper les courges et la patate douce en deux ou 4 morceaux selon leur grosseur. Huiler l'intérieur et déposer sur une lèchefrite recouverte d'une feuille de papier parchemin. Les cuire environ 30 minutes. Prélever la chair cuite à la cuillère. Verser environ 60 ml (1/4 tasse) d'eau dans le mélangeur avant d'y déposer les légumes. Réduire en purée lisse. Ajouter de l'eau au besoin. Servir séparément ou en mélange au goût. Donne environ 500 ml (2 tasses).

Purée

de pois chiches, d'épinards et de pomme

45 g (1/4 tasse) de pois chiches
30 ml (1/8 tasse) d'épinards hachés cuits (env. 35 g d'épinards congelés)
1 petite pomme douce (Paulard, Gala)
30 ml (1/8 tasse) de yaourt nature

Cuire les épinards dans une eau légèrement salée. Égoutter et presser. Réduire en purée lisse. Réserver. Bien égoutter les pois chiches. Les frotter entre les paumes de la main pour enlever la peau. Couper la pomme en morceaux. Déposer les pois et la pomme dans le mélangeur. Réduire en purée lisse. Servir les 2 purées séparément ou mélangées. Congeler en portions individuelles. Donne 170 ml (environ 2/3 tasse).

Variante : Purée de pois chiches, de brocoli et de pomme:

45 g (1/4 tasse) de pois chiches
60 ml (1/4 tasse) de fleurons de brocoli cuits
1 petite pomme douce (Paulard, Gala)
30 ml (1/8 tasse) de yaourt nature

Cuire les brocolis dans une eau légèrement salée. Égoutter. Réduire en purée lisse. Réserver. Bien égoutter les pois chiches. Les frotter entre les paumes de la main pour enlever la peau. Couper la pomme en morceaux. Déposer les pois et la pomme dans le mélangeur. Réduire en purée lisse. Servir les 2 purées séparément ou mélangées. Congeler en portions individuelles. Donne 170 ml (env. 2/3 de tasse)

Purée
de céleri-rave et de pomme

1 petit céleri-rave

1 petite pomme douce (Paulard)

125 ml (1/2 tasse) de bouillon de poulet réduit en sel

Chauffer le bouillon. Éplucher le céleri-rave. Le trancher en morceaux. Cuire dans l'eau bouillante légèrement salée jusqu'à tendreté. Peler la pomme à la dernière minute. Verser le bouillon dans le mélangeur. Ajouter le céleri-rave et les morceaux de pomme. Réduire en purée lisse. Servir ou diviser en portions. Donne 250 ml (1 tasse).

Purée

mijotée au bœuf et légumes

75 g (env. 2 1/2 oz) de rôti de palette cuit (mijoté de bœuf)

250 ml (1 tasse) de bouillon de poulet réduit en sel

80 à 100 g (3 à 3 1/2 oz) de légumes cuit variés (rutabaga, chou-fleur, carotte, pomme de terre ou patate douce)

Déposer le bouillon chaud dans le mélangeur avec les autres ingrédients. Réduire en purée lisse. Servir tel quel ou mélangé avec un peu de lait. Donne 375 ml (1 1/2 tasse).

Purée
protéinée de banane, de poire et de pomme

- 1/2 banane
- 1 poire chinoise
- 1 pomme douce (Paulard, Cortland)
- 60 ml (1/4 tasse) de lait de soya nature (riz ou amande)
- 60 à 125 ml (1/4 à 1/2 tasse) de riz entier cuit
- 5 ml (1 c. à thé) de poudre de protéine de soya à la vanille
- Pincée de stévia (facultatif)

Couper les fruits en morceaux. Les incorporer dans le mélangeur avec le lait de soya, le riz et la protéine de soya. Pulser au début et passer à puissance maximale jusqu'à consistance lisse. Donne environ 310 ml (1 1/4 tasse).

Note :

Cette purée contenant de la protéine de soya remplace donc une portion repas. Congeler l'autre moitié de la banane en lanières pour donner au besoin à bébé lorsqu'il percera ses dents.

Courge

spaghetti au coulis de tomate et au fromage

- 1/4 de courge spaghetti (150 g) cuite
- 60 ml (1/4 tasse) de coulis de tomates
- 30 ml (2 c. à soupe) de fromage mozzarella

Préchauffer le four à 350 °F (175 °C). Couper les courges en deux ou 4 morceaux selon leur grosseur. Huiler l'intérieur et déposer sur une lèchefrite recouverte d'une feuille de papier parchemin. Les cuire environ 30 minutes. Retirer la chair à la fourchette. Conserver le reste pour votre repas principal. Verser le coulis de tomates dans le mélangeur avant d'y déposer la courge. Réduire en purée lisse. Ajouter le fromage. Chauffer au micro-ondes pour que le fromage fonde. Remuer le mélange. Tiédir. Donne 190 ml (environ 3/4 tasse).

Purée
de légumes et de dindon oméga-3

1 cuisse de dindon de 700 g (1 1/2 lb)
45 ml (3 c. à soupe) de riz brun
1 litre (4 tasses) d'eau filtrée
3 carottes
1 poireau
1 bouquet garni (feuille de laurier, brin de thym, brins de persil)
Sel d'herbes naturelles (Spikes)
15 ml (1 c. à soupe) d'huile de canola bio

Cuire le dindon et le riz dans 1 litre (4 tasses) d'eau avec les carottes et le poireau coupés en rondelles. Attacher les herbes choisies pour le bouquet garni avec une ficelle. L'envelopper dans un morceau de gaze avant de l'incorporer dans le chaudron. Cuire la dinde à point à feu doux, en laissant le couvercle du chaudron entrouvert. Retirer la dinde. Retirer la peau et couper en morceaux. Verser 500 ml (2 tasses) de bouillon aux légumes, 250 ml (1 tasse) de dinde et l'huile de canola dans le mélangeur. Conserver le reste pour votre repas. Pulser jusqu'à consistance crémeuse. Rectifier l'assaisonnement en ajoutant au goût un sel d'herbes naturelles. Repasser au mélangeur. Donne 500 ml (2 tasses).

Purée

de pruneaux à la poire

5 pruneaux secs

1 petite poire

60 ml (1/4 tasse) de jus de raisin et poire

Faire tremper les pruneaux une nuit dans 60 ml (1/4 tasse) d'eau bouillante. Peler la poire, enlever le cœur et la couper en morceaux. Verser le jus dans le mélangeur. Ajouter les fruits rapidement pour éviter l'oxydation de la poire. Mixer jusqu'à consistance lisse. Donne environ 250 ml (1 tasse).

Purée
de fraises et de banane

125 ml (1/2 tasse) de fraises surgelées

1/2 banane

5 ml (1 c. à thé) de jus d'orange (facultatif)

Succédané au choix

Décongeler les fraises au réfrigérateur la veille. Couper la banane. Déposer les fruits dans le mélangeur avec le jus d'orange si désiré. Ajouter le succédané au goût (stévia, nectar d'agave). Donne environ 180 ml (3/4 tasse).

Purée

camping de poisson et de pommes de terre

- 50 g (1 3/4 oz) de truite ou de saumon grillé
- 80 ml (1/3 tasse) de flocons de pommes de terre
- 80 ml (1/3 tasse) d'eau bouillante
- Pincée de sel
- 60 ml (1/4 tasse) de lait (écrémé)
- Noisette de beurre

Cuire la purée de pommes de terre selon les directives du fabricant en diminuant la quantité de sel si possible. Ajouter du lait au besoin. Déposer dans le mélangeur les morceaux de poisson cuit et la purée de pommes de terre. Réduire en une purée lisse. Donne 180 ml (3/4 tasse).

Purée

de riz aux abricots

60 ml (1/4 tasse) de riz cuit
2 abricots séchés
60 ml (1/4 tasse) de lait de riz bio

Faire tremper les abricots une nuit dans 60 ml (1/4 tasse) d'eau bouillante. Verser le lait de riz dans le mélangeur. Ajouter les abricots coupés et le riz cuit. Mixer jusqu'à consistance lisse. Donne environ 80 ml (1/3 tasse).

Note : Cuisson du riz

125 ml (1/2 tasse) de riz arborio
375 ml (1 1/2 tasse) d'eau filtrée
Pincée de sel de mer

Porter l'eau à ébullition. Verser le riz et le sel et réduire le feu au minimum. Cuire lentement. Remuer de temps en temps. Ajouter de l'eau au besoin. Donne 250 ml (1 tasse) de céréale cuite. Conserver au réfrigérateur 2 jours dans un contenant hermétique ou congeler.

Note :

Si vous n'avez pas de riz arborio, utiliser n'importe quel riz à grain rond. Doubler, voire tripler la recette pour vous en servir comme base à mélanger avec vos purées-repas de légumes et protéines (viande, volaille, poisson, œufs).

Purées
de base

Purée aux petits fruits antioxydants

125 ml (1/2 tasse) de petits fruits (fraises, framboises ou mûres)

60 ml (1/4 tasse) de jus de pomme brut

Pincée de stévia ou 10 ml (2 c. à thé) de nectar d'agave

Congeler les fruits la veille. Les décongeler complètement. Déposer les fruits avec leur jus et le jus de pomme dans le mélangeur avec l'édulcorant choisi. Réduire en purée lisse. Ajouter du jus de pomme au besoin. Débarrasser la purée des graines en utilisant un tamis fin (chinois). Donne environ 125 ml (1/2 tasse). Mélanger environ 30 ml (1/8 tasse) avec 60 ml (1/4 tasse) d'une base de crème au choix.

Variation veloutée

Ajouter une petite banane au mélange de base aux petits fruits. Il est préférable d'ajouter un peu de jus de fruit pur ou un peu d'eau filtrée pour obtenir une belle onctuosité et éviter de forcer inutilement le moteur du mélangeur. Si le mélange est trop clair, ajoutez un peu plus de fruits.

Purées
de base

Purée de base aux fruits exotiques

- 1 mangue
- 1 kiwi
- 1 rondelle d'ananas
- La moitié d'une petite banane

Déposer les fruits avec leur jus dans le mélangeur. Réduire en purée lisse. Raffiner la purée si désiré en la passant au chinois (tamis). Donne environ 250 ml (1 tasse) à mélanger avec une base de crème au choix. Mélanger environ 30 ml (1/8 tasse) avec 60 ml (1/4 tasse) de base de crème. Congeler en portions individuelles.

Purée de base du verger

- 1 poire
- 1 pomme
- 1 pêche
- 60 ml (1/4 tasse) de jus de pomme brut
- Édulcorant (facultatif)

Déposer les fruits avec leur jus dans le mélangeur avec le jus de pomme et l'édulcorant (stévia, nectar d'agave). Réduire en purée lisse. Ajouter du jus ou de l'eau au besoin. Mélanger avec une base de crème au choix. Donne environ 250 ml (1 tasse). Congeler en portions individuelles.

Purée de base aux fruits secs

60 ml (1/4 tasse) de raisins secs
6 dattes
80 ml (1/3 tasse) de jus de pomme brut

Note : Utiliser des fruits secs sans conservateur.

Couper les dattes en morceaux. Déposer les fruits secs dans le jus de pomme chaud. Tremper toute une nuit ou jusqu'à ce que les fruits aient bien ramolli. Réduire en purée lisse dans le mélangeur en ajoutant de l'eau ou du jus. Donne environ 125 ml (1/2 tasse). Mélanger avec une base de crème au choix. Congeler en portions individuelles.

Purées de base de crème (sans gluten)

Base de crème au tapioca

30 ml (2 c. à soupe) d'amidon de tapioca
125 ml (1/2 tasse) de lait d'amandes régulier
Pincée de stévia
Quelques gouttes d'extrait de vanille pure

Déposer tous les ingrédients dans le mélangeur. Mélanger 10 secondes à vitesse maximum. Racler les parois. Cuire la crème au bain-marie ou à feu moyen élevé dans un chaudron en mélangeant au fouet ou à la cuillère de bois. Porter rapidement le mélange à ébullition en fouettant jusqu'à épaississement. Retirer du feu. Refroidir au réfrigérateur. Congeler en portions individuelles. À mélanger de préférence avec une purée de fruits. Donne environ 250 ml (1 tasse).

Purées

à base de crème (sans gluten)

Base de crème au riz

45 ml (3 c. à soupe) de farine de riz brun bio
Pincée de stévia
Quelques gouttes d'extrait de vanille pure
250 ml (1 tasse) de lait de riz régulier

Déposer tous les ingrédients dans le mélangeur. Mélanger 10 secondes à vitesse maximum. Racler les parois. Cuire la crème au bain-marie ou à feu moyen élevé dans un chaudron en mélangeant au fouet ou à la cuillère de bois. Porter rapidement le mélange à ébullition en fouettant jusqu'à épaississement. Retirer du feu. Refroidir au réfrigérateur. Congeler en portions individuelles. À mélanger de préférence avec une purée de légumes ou de fruits. Donne environ 250 ml (1 tasse).

Base de crème à la fécule de maïs

30 ml (2 c. à soupe) de fécule de maïs
Pincée de stévia
Quelques gouttes d'extrait de vanille pure
250 ml (1 tasse) de lait écrémé (1 % mg)

Même procédé que la recette ci-haut.

Base de crème à la farine de quinoa

- 30 ml (2 c. à soupe) de farine de quinoa bio
- Pincée de stévia
- Quelques gouttes d'extrait de vanille pure
- 250 ml (1 tasse) de lait de soya

Déposer tous les ingrédients dans le mélangeur. Mélanger 10 secondes à vitesse maximum. Racler les parois. Cuire la crème au bain-marie ou à feu moyen élevé dans un chaudron en mélangeant au fouet ou à la cuillère de bois. Porter rapidement le mélange à ébullition en fouettant jusqu'à épaississement. Retirer du feu. Refroidir au réfrigérateur. Congeler en portions individuelles. Donne environ 250 ml (1 tasse). À utiliser de préférence avec une purée de légumes.

Base de crème à la farine de pomme de terre

- 30 ml (2 c. à soupe) de farine de pomme de terre bio sans gluten
- 250 ml (1 tasse) de lait au choix (écrémé ou végétal)
- Pincée de sel de mer

Déposer tous les ingrédients dans le mélangeur. Mélanger 10 secondes à vitesse maximum. Racler les parois. Cuire la crème dans un chaudron à feu doux en mélangeant au fouet ou à la cuillère de bois jusqu'à épaississement désiré. Retirer du feu. Refroidir au réfrigérateur. Congeler en portions individuelles. Donne environ 250 ml (1 tasse). À utiliser de préférence avec une purée de légumes.

Purées

à base de crème (sans gluten)

Base à la farine de sarrasin vert

- 30 ml (2 c. à soupe) de farine de pomme de terre bio sans gluten
- 250 ml (1 tasse) de lait au choix (écrémé ou végétal)
- Pincée de sel de mer

Déposer tous les ingrédients dans le mélangeur. Mélanger 10 secondes à vitesse maximum. Racler les parois. Cuire la crème à feu doux dans un chaudron en fouettant jusqu'à épaississement. Retirer du feu. Refroidir au réfrigérateur. Congeler en portions individuelles. Donne environ 250 ml (1 tasse). À utiliser de préférence avec une purée de légumes.

Base à la farine de plantain

- 30 ml (2 c. à soupe) de farine de plantain
- Pincée de stévia
- Quelques gouttes d'extrait de vanille pure
- 250 ml (1 tasse) de lait au choix (écrémé ou végétal)

Note : La farine de plantain est disponible dans les épiceries orientales.

Déposer tous les ingrédients dans le mélangeur. Mélanger 10 secondes à vitesse maximum. Racler les parois. Cuire la crème dans un chaudron à feu doux en mélangeant au fouet ou à la cuillère de bois jusqu'à épaississement. Retirer du feu. Refroidir au réfrigérateur. Congeler en portions individuelles. À mélanger avec une purée de fruits. Omettre le stévia et la vanille pour un mélange aux légumes. Donne environ 250 ml (1 tasse).

Purée

de base aux protéines

Base de crème au tofu

- 300 g (10 1/2 oz) de tofu soyeux nature
- 60 ml (1/4 tasse) de lait de soya nature

Déposer le morceau de tofu et le lait de soya dans le mélangeur. Réduire en purée lisse. Donne environ 250 ml (1 tasse) à mélanger avec une base de crème au choix. Mélanger environ 60 ml (1/4 de tasse) avec 125 ml (1/2 tasse) d'une base de fruits ou de légumes au choix. Conserver dans un contenant hermétique au réfrigérateur 3 à 4 jours. Congeler en portions individuelles.

Purée aux flageolets

- 125 ml (1/2 tasse) de petits flageolets cuits
- 5 ml (1 c. à thé) d'huile d'olive
- 30 ml (1/8 tasse) de bouillon de bœuf bio ou d'eau filtrée

Rincer les flageolets 2 fois à l'eau froide. Déposer les 3 ingrédients dans le mélangeur. Réduire en purée lisse. Donne environ 125 ml (1/2 tasse). Mélanger environ 30 ml (1/8 tasse) avec 60 ml (1/4 tasse) d'une base de crème au choix. Congeler en portions individuelles.

Purée

de base aux protéines

Purée au creton maison

50 g (1/4 tasse) de creton maison (réduit en sel et en gras)

60 ml (1/4 tasse) de jus de légumes ou de jus tomates

Déposer les ingrédients dans le mélangeur. Réduire en purée lisse. Donne environ 250 ml (1 tasse) à mélanger avec une base de crème au choix. Mélanger environ 30 ml (1/8 tasse) avec 60 ml (1/4 tasse) de base de crème. Congeler en portions individuelles.

Mangue et végé-pâté

1 tranche (70 g) de mangue

50 g (1/4 tasse) de végé-pâté

30 ml (1/8 tasse) de lait de soya nature

Déposer les 3 ingrédients dans le mélangeur. Réduire en purée lisse. Donne environ 250 ml (1 tasse) à mélanger avec une base de crème au choix. Mélanger environ 30 ml (1/8 tasse) avec 60 ml (1/4 tasse) de base de crème au choix (pomme de terre, maïs). Congeler en portions individuelles.

Purée de bleuets et de fromage de chèvre

- 60 ml (1/4 tasse) de bleuets sauvages
- 1 pomme
- 9 g (1 médaillon) de fromage de chèvre
- 1/8 de tasse (30 ml de jus) de jus de bleuets bio
- Édulcorant au choix

Congeler les bleuets la veille. Les décongeler complètement. Peler la pomme et la couper en morceaux. Déposer les fruits avec leur jus dans le mélangeur avec le jus de bleuets et l'édulcorant. Réduire en purée lisse. Donne environ 125 ml (1/2 tasse). Mélanger environ 30 ml (1/8 tasse) avec 60 ml (1/4 tasse) d'une base de crème au choix. Congeler en portions individuelles.

Purée au thon

- 1 pêche
- 50 g (1/4 tasse) de thon blanc
- 15 à 30 ml (1 à 2 c. à soupe) de jus d'ananas

Peler, dénoyauter et couper la pêche. Déposer les 3 ingrédients dans le mélangeur. Réduire en purée lisse. À mélanger avec une base sans gluten. Donne environ 125 ml (1/2 tasse). Congeler en portions individuelles.

Les vivifiants smoothies

Smoothie
l'angélus

1 c. à soupe de raisins secs
60 ml de jus de pomme
1 banane moyenne
15 alkekenges
Pincée de fenouil moulu
Miel, sucre ou substitut
3 cubes de lait de soya à la vanille

Laissez tremper les raisins dans le jus de pomme la veille ou mettez-les au micro-ondes 20 secondes environ. Déposez le jus avec les raisins, les fruits entiers, le fenouil et le miel dans le mélangeur. Mélangez à petite vitesse pendant environ 30 secondes et, graduellement, augmentez la puissance pendant 30 secondes à 1 minute. Incorporez les cubes de lait de soya et mélangez jusqu'à consistance lisse. Sucrez au goût.

Smoothie

Inoubliable à la fraise

60 ml (1/4 tasse) de crème	

60 ml (1/4 tasse) de crème

Extrait de menthe

30 fraises

2 boules de glace à la vanille

Miel, sucre ou substitut

Glace pilée (facultatif)

Versez la crème, quelques gouttes d'extrait de menthe et les fraises dans le mélangeur. Mélangez à petite vitesse pendant environ 30 secondes et, graduellement, augmentez la puissance pendant 30 secondes à 1 minute. Ajoutez la glace à la vanille et mélangez jusqu'à consistance lisse. Sucrez au goût. Ajoutez de la glace pilée si vous désirez. Donne 2 petites portions.

Smoothie

Fraises à la menthe glacée

6 fraises moyennes

60 ml (1/4 tasse) de thé à la menthe

1 boule de glace à la vanille

Glace pilée

Mettez le thé et les fraises dans le mélangeur. Mélangez à petite vitesse pendant environ 30 secondes et augmentez graduellement la puissance jusqu'à consistance lisse. Ajoutez la glace à la vanille et de la glace pilée (au goût), et mélangez.

Smoothie

le dragon

6 fraises moyennes congelées

1/2 pomme

125 ml (1/2 tasse) de moût de pomme

Pincée de cannelle

Brin d'estragon (facultatif)

Miel, sucre ou substitut

Glace pilée

Mettez le moût de pomme, les fruits, l'estragon et la cannelle dans le mélangeur. Mélangez à petite vitesse pendant environ 30 secondes et, graduellement, augmentez la puissance pendant 30 secondes à 1 minute jusqu'à consistance lisse. Ajoutez la glace pilée. Continuez de mélanger. Sucrez au goût.

Smoothie

Diablotino

- 3 fraises moyennes
- 12 framboises
- 1 kiwi
- 1 boule de sorbet aux framboises
- Miel, sucre ou substitut
- Glace pilée

Coupez les fruits. Mettez-les dans le mélangeur. Mélangez à petite vitesse pendant environ 30 secondes et, graduellement, augmentez la puissance pendant 30 secondes à 1 minute. Ajoutez le sorbet en dernier et continuez de mélanger jusqu'à consistance lisse. Ajoutez la glace pilée et mélangez en sucrant, au goût.

Smoothie

Planète Framboise

- 15 framboises surgelées
- 1 pêche
- 125 ml (1/2 tasse) de lait
- 1 boule de lait à la vanille surgelé
- Miel
- Glace pilée

Coupez la pêche. Mettez le lait, les fruits et le miel dans le mélangeur. Mélangez à petite vitesse pendant environ 30 secondes et, graduellement, augmentez la puissance pendant 30 secondes à 1 minute. Ajoutez le lait glacé et continuez de mélanger jusqu'à consistance lisse. Servez avec de la glace pilée, au goût.

Smoothie

Le Roi-Soleil

1 tranche d'ananas de 4 cm d'épaisseur

1 mangue surgelée

5 ml de jus de citron

60 ml (1/4 tasse) d'infusion de thé vert

60 ml (1/4 tasse) de lait de coco ou
60 ml (1/4 tasse) de yaourt nature

Gingembre frais, râpé

Glace pilée

Coupez les fruits en morceaux. Mettez les liquides, les fruits et le gingembre dans le mélangeur. Mélangez à petite vitesse pendant environ 30 secondes et, graduellement, augmentez la puissance pendant 30 secondes à 1 minute jusqu'à consistance lisse. Ajoutez de la glace pilée, mélangez 5 secondes de plus.

Smoothie

Pomme à la menthe

1 pomme

80 g (3 oz) de groseilles

30 ml (2 c. à soupe) de jus d'orange concentré surgelé

15 ml (1 c. à soupe) de gelée de menthe

60 ml (1/4 tasse) de yaourt nature

Miel, sucre ou substitut

Glace pilée

Coupez la pomme. Mettez le jus et les fruits dans le mélangeur. Mélangez à petite vitesse pendant environ 30 secondes et, graduellement, augmentez la puissance pendant 30 secondes à 1 minute. Ajoutez le yaourt, la gelée et continuez de mélanger jusqu'à consistance lisse. Mélangez 5 secondes avec de la glace pilée. Sucrez au goût. Vous pouvez remplacer les groseilles par de la confiture et omettre le miel.

Smoothie

La dame en rose

- 12 framboises
- 6 canneberges surgelées
- 1 banane moyenne
- 80 ml (1/3 tasse) de jus de pomme
- 1 boule de sorbet aux framboises
- Miel, sucre ou substitut
- Glace pilée

Coupez les fruits. Mettez-les dans le mélangeur avec le jus de pomme. Mélangez à petite vitesse pendant environ 30 secondes et, graduellement, augmentez la puissance pendant 30 secondes à 1 minute, jusqu'à consistance lisse. Ajoutez le sorbet aux framboises et la glace pilée, mélangez 5 secondes de plus. Sucrez au goût.

Smoothie
Galactica

12 framboises

100 g (3 1/2 oz) de pastèque en morceaux

Quelques gouttes d'extrait d'amande

1 boule de yaourt glacé à la vanille

Miel, sucre ou substitut

Mettez la pastèque, les framboises et l'extrait d'amande dans le mélangeur. Mélangez à petite vitesse pendant environ 30 secondes et augmentez graduellement la puissance pendant 30 secondes à 1 minute. Ajoutez le yaourt glacé à la vanille et mélangez jusqu'à consistance lisse. Sucrez au goût.

Smoothie
à l'aloès

- 1/2 pamplemousse
- 18 canneberges
- 15 ml (1 c. à soupe) de nectar d'aloès
- 3 cubes de jus de canneberge
- Miel, sucre ou substitut

Séparez le pamplemousse en quartiers. Mettez les fruits et le nectar d'aloès dans le mélangeur. Mélangez à petite vitesse pendant environ 30 secondes et, graduellement, augmentez la puissance pendant 30 secondes à 1 minute. Ajoutez les cubes de jus de canneberge et mélangez. Sucrez au goût.

Note :

Vous doublez les bienfaits de ce smoothie avec des canneberges, reconnues pour leurs propriétés antioxydantes et dans le traitement des voies urinaires.

Smoothie

Le Boogie Woogie

100 g (3 1/2 oz) de prunes
50 g (1 3/4 oz) de bleuets
100 g (3 1/2 oz) de pastèque
1 boule de yaourt glacé à la vanille
Miel, sucre ou substitut
Glace pilée

Coupez la pastèque et mettez-la dans le mélangeur puis ajoutez les autres fruits. Mélangez à petite vitesse pendant environ 30 secondes et, graduellement, augmentez la puissance pendant 30 secondes à 1 minute. Ajoutez le yaourt glacé à la vanille et continuez de mélanger jusqu'à consistance lisse. Ajoutez de la glace pilée et sucrez au goût.

Smoothie

Le Plymouth

1 banane

1 orange

30 ml (2 c. à soupe) de sauce aux canneberges

15 ml (1 c. à soupe) de lait de coco

1 boule de sorbet à l'orange

60 ml (1/4 tasse) de yaourt nature

Glace pilée

Coupez les fruits. Mettez le lait de coco, les fruits et la sauce aux canneberges dans le mélangeur. Mélangez à petite vitesse pendant environ 30 secondes et, graduellement, augmentez la puissance pendant 30 secondes. Ajoutez le yaourt et le sorbet. Mélangez jusqu'à consistance lisse. Servez avec de la glace pilée, au goût. Pour la sauce aux canneberges : faites cuire comme une compote, sucrez avec du fructose et ajoutez un peu de jus de citron.

Smoothie

la belle et la fraise

- 6 fraises
- 1 pomme moyenne
- 60 ml (1/4 tasse) de jus de pomme
- 60 ml (1/4 tasse) de yaourt nature
- 15 ml (1 c. à soupe) de graines de lin moulues (facultatif)
- 15 ml (1 c. à soupe) de germe de blé
- Quelques gouttes de vanille
- Miel, sucre ou substitut

Coupez tous les fruits. Mettez le jus de pomme, les fruits, les graines de lin moulues, le germe de blé et le yaourt dans le mélangeur. Mélangez à petite vitesse pendant environ 30 secondes et, graduellement, augmentez la puissance pendant 30 secondes à 1 minute. Ajoutez la vanille et continuez de mélanger jusqu'à consistance lisse. Sucrez au goût.

Note :

Si vous n'avez pas de graines de lin sous la main, ajoutez de l'huile de noix.

Smoothie

l'express à la pêche et au melon

2 pêches

1 tranche de melon miel de 5 cm (2 po) d'épaisseur

1 boule de yaourt congelé à la vanille

Glace pilée au goût

Coupez les fruits en morceaux. Mettez tous les ingrédients dans le mélangeur sauf la glace. Mélangez à petite vitesse pendant environ 30 secondes et, graduellement, augmentez la puissance pendant 30 secondes à 1 minute jusqu'à consistance lisse. Ajoutez de la glace pilée, mélangez 5 secondes de plus.

Smoothie

Vive la papaye!

1 tranche d'une grosse papaye de 3 cm d'épaisseur
1/2 oignon vert
60 ml (1/4 tasse) de bouillon de poulet
60 ml (1/4 tasse) de babeurre ou
45 ml (3 c. à soupe) de yaourt nature
45 ml (3 c. à soupe) de riz cuit
Sel, poivre
Glace pilée (facultatif)

Coupez la papaye et l'oignon. Faites chauffer le bouillon de poulet (facultatif) et versez-le dans le mélangeur avec les légumes, le riz et le babeurre. Mélangez à petite vitesse pendant environ 30 secondes et, graduellement, augmentez la puissance pendant 30 secondes à 1 minute. Continuez de mélanger jusqu'à consistance lisse. Ajustez l'assaisonnement. Servez chaud ou froid, en ajoutant de la glace pilée.

Smoothie

William Tell

1 poire

80 g (2 1/2 oz) de groseilles

60 ml (1/4 tasse) de nectar de poire

60 ml (1/4 tasse) de yaourt nature

Quelques gouttes de vanille

Miel, sucre ou substitut

Glace pilée

Coupez les fruits. Mettez le nectar et les fruits dans le mélangeur. Mélangez à petite vitesse pendant environ 30 secondes et, graduellement, augmentez la puissance pendant 30 secondes à 1 minute. Ajoutez le yaourt et la vanille, et continuez de mélanger jusqu'à consistance lisse. Sucrez au goût.

Smoothie

Le cordial

100 g (3 1/2 oz) de compote de pommes
1/2 banane
60 ml (1/4 tasse) de yaourt nature
Clou de girofle
Miel, sucre ou substitut
Glace pilée

Coupez la banane. Mettez-la dans le mélangeur avec la compote de pommes, le yaourt et le clou de girofle. Mélangez à petite vitesse pendant environ 30 secondes et, graduellement, augmentez la puissance pendant 30 secondes à 1 minute jusqu'à consistance lisse. Ajoutez la glace pilée, mélangez 5 secondes de plus. Sucrez au goût.

Smoothie

déjeuner sur l'herbe

6 fraises moyennes
1 banane moyenne
60 ml (1/4 tasse) de yaourt nature
15 ml (1 c. à soupe) de graines de lin moulues (facultatif)
Quelques gouttes de vanille
Miel, sucre ou substitut
Glace pilée

Coupez les fruits. Mettez les fruits, le yaourt et les graines de lin moulues dans le mélangeur. Mélangez à petite vitesse pendant environ 30 secondes et, graduellement, augmentez la puissance pendant 30 secondes à 1 minute. Continuez de mélanger jusqu'à consistance lisse. Ajoutez la vanille et la glace pilée. Sucrez au goût.

Smoothie

Litchis en folie !

2 litchis

1 poire nashi

140 g (5 1/4 oz) de pastèque

15 ml (1 c. à soupe) de jus d'orange concentré surgelé

1 boule de yaourt glacé à la vanille

Miel, sucre ou substitut

Glace pilée

Coupez les fruits en morceaux. Mettez le jus d'orange et les fruits dans le mélangeur. Mélangez à petite vitesse pendant environ 30 secondes et, graduellement, augmentez la puissance pendant 30 secondes à 1 minute jusqu'à consistance lisse. Ajoutez le yaourt glacé. Mélangez. Ajoutez de la glace pilée et sucrez au goût.

Smoothie
Haïti chérie

1 grenadille	
1 tranche d'ananas de 2 cm d'épaisseur	
1 banane moyenne	
60 ml de lait de coco	
2 c. à soupe de tartinade de chocolat aux noisettes	
1 boule de sorbet à l'orange	
Pincée de cardamome	
Glace pilée	

Tamisez la chair du fruit de la grenadille. Coupez tous les autres fruits. Mettez le lait de coco, la tartinade de chocolat et les fruits dans le mélangeur. Mélangez à petite vitesse pendant environ 30 secondes et, graduellement, augmentez la puissance pendant 30 secondes à 1 minute. Ajoutez le sorbet et la cardamome. Mélangez jusqu'à consistance lisse. Servez avec de la glace pilée.

Note :

Tamisez la pulpe et conservez les graines si vous le désirez. Elles sont comestibles.

Smoothie

Espièglerie aux asperges

- 6 asperges cuites
- 5 ml (1c. à thé) de jus de citron
- 2 jaunes d'œufs
- 2 blancs d'œufs (facultatif)
- 60 ml (1/4 tasse) de bouillon de poulet
- Glace pilée

Coupez les asperges cuites. Faites mousser les 2 blancs d'œufs et réservez. Mettez le bouillon, le jus de citron, les asperges et les jaunes d'œufs dans le mélangeur. Mélangez à petite vitesse pendant environ 30 secondes et, graduellement, augmentez la puissance pendant 30 secondes à 1 minute jusqu'à consistance lisse. Rectifiez l'assaisonnement. Servez chaud ou froid en ajoutant les blancs d'œufs (facultatif) et de la glace pilée.

Smoothie

Cousins-cousines

4 fraises moyennes

50 g (1 3/4 oz) de bleuets

60 ml (1/4 tasse) de jus de canneberge blanche

1 c. à soupe de tartinade aux noisettes et chocolat

60 ml (1/4 tasse) de yaourt nature

Glace pilée

Mettez le jus, les fruits et la tartinade aux noisettes dans le mélangeur. Mélangez à petite vitesse pendant environ 30 secondes et graduellement, augmentez la puissance pendant 30 secondes à 1 minute. Ajoutez le yaourt et continuez de mélanger jusqu'à consistance lisse. Servez avec de la glace pilée, au goût.

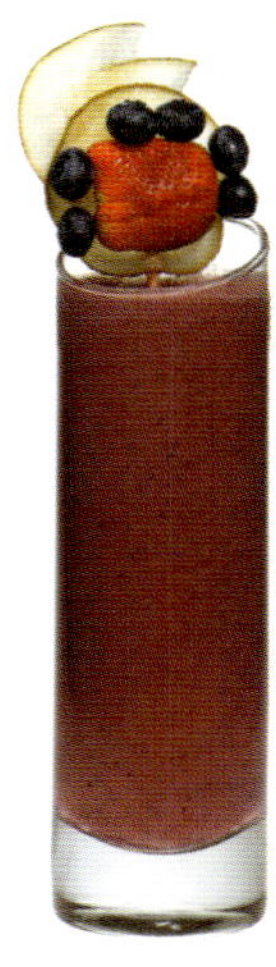

Smoothie

Agrumes à la rose

- 1 orange
- 15 ml (1 c. soupe) de jus de lime
- 30 ml (2 c. soupe) de jus de citron
- 5 ml (1 c. à thé) d'eau de rose
- 1 boule de glace à la vanille
- Glace pilée

Séparez l'orange en quartiers. Mettez le jus de citron, le jus de lime et l'orange dans le mélangeur. Mélangez à petite vitesse pendant environ 30 secondes et, graduellement, augmentez la puissance pendant 30 secondes à 1 minute. Ajoutez la glace à la vanille et l'eau de rose. Continuez de mélanger jusqu'à consistance lisse. Ajoutez de la glace pilée, au goût.

Smoothie
à la crème de marron

1 banane
60 ml (1/4 tasse) de lait
7,5 ml (1/2 c. à soupe) de cacao en poudre
15 ml (1 c. soupe) de crème de marron
15 ml ((1 c. soupe) de beurre d'amande (facultatif)
1 boule de glace à la vanille
15 ml (1 c. soupe) d'eau

Coupez la banane. Mettez dans le mélangeur le lait, le cacao, la crème de marron, le beurre d'amande avec les morceaux de banane. Mélangez à petite vitesse pendant environ 30 secondes et, graduellement, augmentez la puissance pendant 30 secondes à 1 minute. Ajoutez la glace à la vanille et l'eau, mélangez jusqu'à consistance lisse.

Smoothie

avenir aux framboises

- 15 framboises
- 7,5 ml (1/2 c. à soupe) de jus de framboise concentré surgelé
- 30 ml (2 c. à soupe) de tartinade de noisette au chocolat
- 10 ml (2 c. à thé) de beurre d'amande
- 180 ml (3/4 tasse) de crème
- 2 boules de glace au chocolat
- Miel, sucre ou substitut
- Glace pilée

Mettez le jus de framboise, la crème, la tartinade de noisette, le beurre d'amande et les baies dans le mélangeur. Mélangez à petite vitesse pendant environ 30 secondes et, graduellement, augmentez la puissance pendant 30 secondes à 1 minute. Ajoutez la glace au chocolat. Continuez de mélanger jusqu'à consistance lisse. Ajoutez de la glace pilée et mélangez à nouveau 5 secondes. Sucrez au goût.

Note :

Vous pouvez remplacer la tartinade de noisette par 30 ml (2 c. à soupe) de beurre de noix et y ajouter 5 ml (1 c. à thé) de cacao en poudre et sucrer à votre goût.

Smoothie

Piccolo

1 poire

1 pomme

5 ml (1c. à thé) de confiture de cassis

60 ml (1/4 tasse) de yaourt nature

30 ml (2 c. à soupe) de sirop de cassis (facultatif)

Glace pilée

Coupez les fruits. Mettez les fruits, la moitié du sirop et la confiture de cassis dans le mélangeur. Mélangez à petite vitesse pendant environ 30 secondes et, graduellement, augmentez la puissance pendant 30 secondes à 1 minute. Ajoutez le yaourt et continuez de mélanger jusqu'à consistance lisse. Mettez 15 ml de sirop de cassis au fond du verre de smoothie.

Smoothie

Le duo classique

100 ml (1/3 tasse + 2 c. à thé) de compote de pommes
1 orange
30 ml (2 c. à soupe) de raisins secs
15 ml (1 c. à soupe) de jus de pomme
60 ml (1/4 tasse) de yaourt nature
pincée de cannelle et de clou de girofle
10 ml (2c. à thé) de noix de coco râpée (facultatif)
Glace pilée

Laissez tremper les raisins dans le jus de pomme la veille ou mettez-les au micro-ondes 20 secondes environ. Séparez l'orange en quartiers. Mettez la noix de coco, les raisins avec le jus, l'orange, la cannelle et le clou de girofle dans le mélangeur. Mélangez à petite vitesse pendant environ 30 secondes et, graduellement, augmentez la puissance pendant 30 secondes à 1 minute. Ajoutez le yaourt. Continuez de mélanger jusqu'à consistance lisse en incorporant de la glace pilée à la toute fin.

Smoothie

Pause-café à la poire vanillée

1 poire en morceaux
1/2 banane en morceaux
60 ml (1/4 tasse) de café fort (express)
60 ml (1/4 tasse) de lait
2 boules de glace à la vanille

Mettez le lait, le café et les fruits dans le mélangeur. Mélangez à petite vitesse pendant environ 30 secondes et, graduellement, augmentez la puissance pendant 30 secondes à 1 minute. Ajoutez la glace à la vanille et mélangez jusqu'à consistance lisse.

Note :

Il est conseillé d'utiliser un bon déca pour éviter les palpitations, la nervosité et l'insomnie.

Smoothie

délice aux cerises

- 20 cerises dénoyautées
- 125 ml (1/2 tasse) de lait
- Quelques gouttes d'extrait d'amande
- 2 boules de glace au chocolat
- Glace pilée (facultatif)

Mettez le lait, les gouttes d'extrait d'amande et les cerises dans le mélangeur. Mélangez à petite vitesse pendant environ 30 secondes et, graduellement, augmentez la puissance pendant 30 secondes à 1 minute. Ajoutez la glace au chocolat et mélangez jusqu'à consistance lisse. Servez avec de la glace pilée, si vous le désirez.

Smoothie

Melon-surprise

- 1 quartier de melon miel de 5 cm (2 po) d'épaisseur
- 15 ml (1 c. à soupe) de limonade concentrée surgelée
- 60 ml (1/4 tasse) de yaourt nature
- Pincée de gingembre frais râpé (facultatif)
- 1 boule de crème glacée ou de yaourt glacé à la vanille
- Miel, sucre ou substitut
- Glace pilée

Coupez le melon. Mettez-le dans le mélangeur. Mélangez à petite vitesse pendant environ 30 secondes et, graduellement, augmentez la puissance pendant 30 secondes à 1 minute. Ajoutez la crème ou le yaourt glacé, la limonade et l'épice, continuez de mélanger jusqu'à consistance lisse. Sucrez au goût.

Smoothie

Petit malin aux fraises

6 fraises

15 ml (1 c. à soupe) de limonade concentrée surgelée

60 ml (1/4 tasse) de yaourt nature

Quelques gouttes de vanille

Miel, sucre ou substitut, au goût

Glace pilée

Mettez la limonade, les fraises, le miel (ou le sucre), la vanille et le yaourt dans le mélangeur. Mélangez à petite vitesse pendant environ 30 secondes et, graduellement, augmentez la puissance pendant 30 secondes à 1 minute jusqu'à consistance lisse. Ajoutez de la glace pilée, mélangez 5 secondes de plus.

Smoothie
Le créole

1 tomate
1 orange
4 ml (1 c. à thé) de jus de lime
5 ml (1 c. à thé) de jus d'orange
15 ml (1 c. à soupe) de jus d'orange concentré surgelé (facultatif)
60 ml (1/4 tasse) de yaourt nature
45 ml (3 c. à soupe) de riz cuit
Brin de persil, coriandre ou basilic
Sel, poivre fraîchement moulu
Glace pilée

Coupez la tomate et l'orange. Mettez tous les ingrédients, exceptée la glace, dans le mélangeur. Mélangez à petite vitesse pendant environ 30 secondes et, graduellement, augmentez la puissance pendant 30 secondes à 1 minute. Continuez de mélanger jusqu'à consistance lisse. Rectifiez l'assaisonnement. Servez en ajoutant de la glace pilée.

Smoothie

Collation passion

- 1 tranche d'ananas de 3 cm (1 1/4 po) d'épaisseur
- 20 canneberges
- 15 ml (1 c. à soupe) de jus de fruit de la passion
- 15 ml (1 c. à soupe) de jus d'ananas concentré surgelé
- Quelques gouttes de vanille
- 1 boule de sorbet au fruit de la passion
- Édulcorant, stévia ou miel, au choix

Coupez l'ananas. Mettez les jus, les fruits et la vanille dans le mélangeur. Mélangez à petite vitesse pendant environ 30 secondes et augmentez graduellement la puissance jusqu'à consistance lisse. Ajoutez le sorbet et continuez de mélanger jusqu'à consistance lisse. Sucrez au goût.

Note :

Les fruits se congèlent en toute saison, sans compromettre leurs minéraux et vitamines santé !

Smoothie

Haltér-o-framboises

- 2 abricots
- 1 banane congelée
- 12 framboises
- 15 ml (1 c. à soupe) de jus de framboise concentré surgelé
- 75 ml (1/3 tasse) d'eau de source
- Miel, sucre ou substitut
- Glace pilée

Coupez les abricots et la banane. Mettez l'eau, le jus de framboise et les fruits dans le mélangeur. Mélangez à petite vitesse pendant environ 30 secondes et, graduellement, augmentez la puissance pendant 30 secondes à 1 minute. Mettez la glace pilée et continuez de mélanger. Sucrez au goût.

Note :

La banane fouettée donnera un mélange plus crémeux.

Smoothie
de Jimmy

- 1 tranche de melon miel de 2 cm (3/4 po) d'épaisseur
- 1 tranche d'ananas de 2 cm (3/4 po) d'épaisseur
- 60 ml (1/4 tasse) de soda racinette
- 1 boule de yaourt glacé à la vanille
- Glace pilée

Coupez les fruits. Mettez le soda et les fruits dans le mélangeur. Mélangez à petite vitesse pendant environ 30 secondes et, graduellement, augmentez la puissance pendant 30 secondes à 1 minute. Ajoutez le yaourt et continuez de mélanger jusqu'à consistance lisse. Servez avec de la glace pilée, au goût.

Smoothie

Le «businessman»

120 ml (1/2 tasse) de riz cuit

60 ml (1/4 tasse) de yaourt nature

1 jaune d'œuf

3 feuilles de menthe

Brin de persil

60 ml (1/4 tasse) de bouillon de poulet

15 ml (1 c. à soupe) de noix de pignons moulues

Glace pilée

Mettez le bouillon, le riz, les pignons et les feuilles de menthe dans le mélangeur. Mélangez à petite vitesse pendant environ 30 secondes et, graduellement, augmentez la puissance pendant 30 secondes à 1 minute. Ajoutez le jaune d'œuf, le yaourt et le persil. Mixez jusqu'à consistance lisse. Servir avec de la glace pilée au goût.

Smoothie

Le delta-plane

6 fraises

1 banane moyenne

80 ml (1/3 tasse) de lait de soya à la fraise

Pincée de poudre de caroube

Miel, sucre ou substitut

Glace pilée

Coupez les fruits. Mettez le lait de soya, la caroube et les fruits dans le mélangeur. Mélangez à petite vitesse pendant environ 30 secondes et, graduellement, augmentez la puissance pendant 30 secondes à 1 minute, jusqu'à consistance lisse. Ajoutez de la glace pilée, mélangez 5 secondes de plus. Sucrez au goût.

Smoothie

Hors jeu

- 1 tranche d'ananas de 4 cm (1 1/2 po) d'épaisseur
- 6 fraises
- 1 quartier de cantaloup de 5 cm (2 po) d'épaisseur
- 120 ml (1/2 tasse) de yaourt na-ure
- Quelques gouttes de vanille
- 2 feuilles de menthe ou quelques gouttes d'extrait de menthe
- Miel, sucre ou substitut
- Glace pilée

Coupez la banane et le cantaloup en morceaux. Mettez les fruits dans le mélangeur avec la vanille et le miel. Mélangez à petite vitesse pendant environ 30 secondes et, graduellement, augmentez la puissance pendant 30 secondes à 1 minute et ajoutez le yaourt. Continuez de mélanger jusqu'à consistance lisse. Ajoutez de la glace pilée.

Note :

Utlisez des fruits congelés pendant quelques heures.

Smoothie

Slalom

- 3 ou 4 abricots
- 1 orange
- Miel, sucre ou substitut
- 60 ml (1/4 tasse) de yaourt nature
- 15 ml (1 c. à soupe) de protéine de soya à la vanille (facultatif)
- 15 ml (1 c. à soupe) de lécithine (facultatif)
- Glace pilée ou congeler le tout pour déguster en glace

Séparez l'orange en quartiers, coupez les abricots. Mettez le miel et les fruits dans le mélangeur. Mélangez à petite vitesse pendant environ 30 secondes et, graduellement, augmentez la puissance pendant 30 secondes à 1 minute. Ajoutez le yaourt et les suppléments, continuez de mélanger jusqu'à consistance lisse. Ajoutez de la glace pilée au goût.

Note :

Deux petits abricots augmenteront la résistance aux infections grâce aux 100 g de bêta-carotène qu'ils contiennent.

Smoothie

Le mandarin

- 50 ml (1/4 tasse) de bleuets
- 1 mandarine
- Pincée de poudre de caroube
- 1 boule de yaourt glacé à la vanille
- Glace pilée

Mettez les fruits dans le mélangeur. Mélangez à petite vitesse pendant environ 30 secondes et, graduellement, augmentez la puissance pendant 30 secondes à 1 minute. Ajoutez le yaourt, la poudre de caroube et continuez de mélanger jusqu'à consistance lisse. Incorporez de la glace pilée, mélangez 5 secondes de plus.

Smoothie

Le Cendrillon

40 g de pastèque
15 raisins verts
4 fraises moyennes
1 boule de yaourt glacé à la varille

Coupez la pastèque et mettez-la en premier dans le mélangeur. Ajoutez les raisins et les fraises. Mélangez à petite vitesse pendant environ 30 secondes et, graduellement, augmentez la puissance pendant 30 secondes à 1 minute. Ajoutez le yaourt glacé à la vanille et continuez de mélanger jusqu'à consistance lisse.

Smoothie

Le charleston

1 tranche d'une petite pastèque
de 2 cm (3/4 po) d'épaisseur
1 figue sèche
10 ml (2c. à thé) de jus de lime
60 ml (1/4 tasse) de yaourt nature
Glace pilée

Faites tremper la figue une nuit dans l'eau chaude. Coupez les fruits et mettez tous les ingrédients, sauf la glace, dans le mélangeur. Mélangez à petite vitesse pendant environ 30 secondes et, graduellement, augmentez la puissance pendant 30 secondes à 1 minute jusqu'à consistance lisse. Continuez de mélanger 5 secondes avec de la glace pilée.

Smoothie

Le sprint de grand-mère

- 1 pomme
- 1 banane moyenne
- 60 ml (1/4 tasse) de jus de pomme
- 60 ml (1/4 tasse) de yaourt nature
- 15 ml (1 c. à soupe) de raisins secs
- Pincée de cannelle
- Quelques gouttes de vanille
- Miel, sucre ou substitut

Laissez tremper les raisins dans le jus de pomme la veille ou mettez-les au micro-ondes 20 secondes environ. Coupez les fruits. Mettez tous les ingrédients dans le mélangeur. Mélangez à petite vitesse pendant environ 30 secondes et, graduellement, augmentez la puissance pendant 30 secondes à 1 minute. Continuez de mélanger jusqu'à consistance lisse.

Note :

La pomme comblera votre faim entre les repas.

Smoothie

Doux sauvetage

4 litchis
1 tranche d'ananas de 3 cm (1 1/4 po) d'épaisseur
1 banane moyenne
15 ml (1 c. à soupe) de jus de lime
60 ml (1/4 tasse) de lait de coco
Gingembre frais, râpé
Miel, sucre ou substitut
Glace pilée

Coupez la banane et l'ananas en morceaux. Mettez le jus, le lait de coco, le gingembre et les fruits dans le mélangeur. Mélangez à petite vitesse pendant environ 30 secondes et, graduellement, augmentez la puissance pendant 30 secondes à 1 minute jusqu'à consistance lisse. Ajoutez de la glace pilée, mélangez 5 secondes de plus. Sucrez au goût.

Smoothie

L'escapade

1 petite orange

1/2 pamplemousse

6 fraises moyennes

3 ou 4 cubes de lait de soya au chocolat

Glace pilée

Séparez les agrumes en quartiers. Mettez les fruits dans le mélangeur. Mélangez à petite vitesse pendant environ 30 secondes et, graduellement, augmentez la puissance pendant 30 secondes à 1 minute. Ajoutez les cubes de lait de soya et continuez de mélanger jusqu'à consistance lisse. Ajoutez de la glace pilée au goût.

Smoothie

Deux fois si «myrveilleux» !

80 ml (1/3 tasse) de bleuets

1/2 banane moyenne

1 poire

7,5 ml (1/2 c. à soupe) de pâte d'amande

60 ml (1/4 tasse) de lait au chocolat

Glace pilée

Coupez la banane et la poire. Mettez tous les ingrédients sauf la glace dans le mélangeur. Mélangez à petite vitesse pendant environ 30 secondes et augmentez graduellement la puissance jusqu'à consistance lisse. Ajoutez la glace pilée et mélangez à nouveau.

Smoothie

Parfait aux canneberges

- 15 canneberges
- 2 pêches
- 60 ml (1/4 tasse) de jus de canneberge rouge
- 125 ml (1/2 tasse) de yaourt nature
- Quelques gouttes de vanille
- Miel, sucre ou substitut, au goût
- Glace pilée

Coupez les pêches. Mettez le jus et les fruits dans le mélangeur. Mélangez à petite vitesse pendant environ 30 secondes et, graduellement, augmentez la puissance pendant 30 secondes à 1 minute. Ajoutez le yaourt et la vanille, continuez de mélanger jusqu'à consistance lisse. Sucrez au goût et servez avec de la glace pilée.

Smoothie

Le kaki hachiya... en tout K

- 1 kaki
- 1 kiwi
- 10 ml (2 c. à thé) de beurre d'amande (facultatif)
- 1 boule de yaourt glacé à la vanille
- Glace pilée

Coupez les fruits et mettez-les dans le mélangeur avec le beurre d'amande (facultatif). Mélangez à petite vitesse pendant environ 30 secondes et, graduellement, augmentez la puissance pendant 30 secondes à 1 minute. Ajoutez le yaourt glacé et continuez de mélanger jusqu'à consistance lisse. Ajoutez de la glace pilée et mélangez 5 secondes.

Smoothie

Temps à soi

- 1/3 de mangue
- 1/2 banane moyenne
- 80 ml (1/3 tasse) de lait de soya au chocolat
- 15 ml (1c. à soupe) de lait de coco
- 75 g de tofu soyeux
- Miel, sucre ou substitut
- Glace pilée

Coupez la banane et la mangue en morceaux. Mettez les laits de soya et de coco et les fruits dans le mélangeur. Mélangez à petite vitesse pendant environ 30 secondes et, graduellement, augmentez la puissance pendant 30 secondes jusqu'à consistance lisse. Ajoutez le tofu et la glace pilée. Mélangez pendant 5 à 10 secondes. Sucrez au goût.

Note :

Remplacez le lait de soya au chocolat par du lait de soya nature et du cacao en poudre.

Smoothie

Méli-melons

1 quartier de cantaloup de 5 cm (2 po) d'épaisseur

1 tranche de melon miel
de 2 cm (3/4 po) d'épaisseur

80 ml (1/3 tasse) de lait de coco

60 ml (1/4 tasse) de babeurre

Miel, sucre ou substitut

Glace pilée

Coupez les melons et mettez-les dans le mélangeur avec le lait de coco et le babeurre. Mélangez à petite vitesse pendant environ 30 secondes et, graduellement, augmentez la puissance pendant 30 secondes à 1 minute. Ajoutez la glace pilée et continuez de mélanger. Sucrez au goût.

Smoothie

Le mur de baies

- 16 mûres
- 16 framboises
- 60 ml de bleuets
- 180 ml (3/4 tasse) de crème
- 2 boules de glace à la vanille
- 2 ml (1/2 c. à thé) d'eau de fleur d'oranger
- Poignée de pignons moulus (facultatif)
- Glace pilée

Mettez la crème, les pignons, les fruits et l'eau de fleur d'oranger dans le mélangeur. Mélangez à petite vitesse pendant environ 30 secondes et, graduellement, augmentez la puissance pendant 30 secondes à 1 minute. Ajoutez la glace à la vanille en dernier et continuez de mélanger jusqu'à consistance lisse. Servez avec de la glace pilée, au goût.

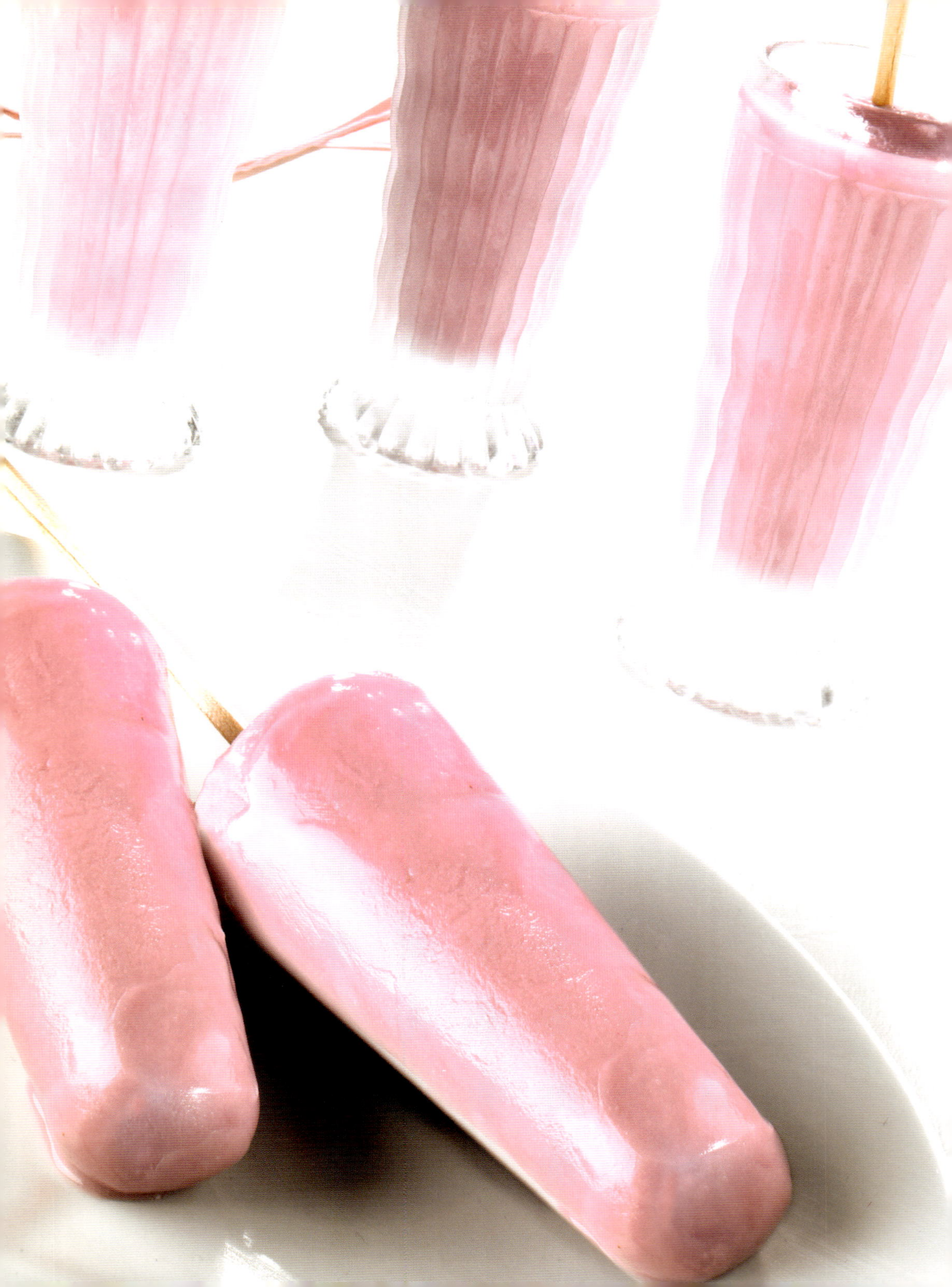

les délicieuses glaces

Coupe
glacée au coulis de canneberges épicé

Coulis de canneberges

125 ml (1/2 tasse) de canneberges congelées
60 ml (1/4 tasse) d'eau filtrée
125 ml (1/2 tasse) de sucre de canne bio
1 bâton de cannelle
1 étoile de Bardane (anis étoilé)
4 grains de cardamome
4 baies de poivre de la Jamaïque

Crème glacée à la vanille

Décongeler les canneberges au micro-ondes. Moudre les épices finement au mortier sauf la cannelle. Chauffer l'eau à feu moyen avec les épices dans un petit chaudron 5 minutes. Verser le sucre et les canneberges. Remuer pour faire fondre le sucre. Porter à ébullition. Macérer hors du feu 30 minutes. Enlever le bâton de cannelle. Verser la préparation dans le mélangeur. Mélanger à vitesse moyenne ou en pulsant jusqu'à l'obtention d'un coulis homogène. Filtrer si désiré. Servir sur une glace à la vanille. Donne 2 à 3 portions.

Note :

Ce coulis peut agrémenter un gâteau ou une crêpe ou être servi en remplacement de la confiture pour accompagner les croissants, les scones ou les muffins.

Dessert

glacé fraise banane

- 1 banane congelée
- 80 ml (1/3 tasse) de yaourt nature
- 80 ml (1/3 tasse) de lait de coco
- 5 fraises congelées

Couper la banane en morceaux. Déposer tous les ingrédients dans le mélangeur. Pulser jusqu'à l'obtention d'un coulis homogène. Verser dans des moules ou des coupes. Congeler 3 à 4 heures ou jusqu'à ce que le dessert soit bien ferme. Garnir de fruits frais si désiré. Donne 4 à 6 portions (selon la grosseur des contenants utilisés).

Note :

Varier ce dessert en utilisant d'autres types de fruits. Les mangues congelées et les ananas forment une délicieuse combinaison. Si vous désirez remplacer le lait de coco, utilisez du lait végétal (soya, amande) et augmentez la quantité de yaourt (30 à 45 ml [2 à 3 c. à soupe] environ).

Glace

au yaourt et au jus de fruits

500 ml (2 tasses) de yaourt nature

180 ml (3/4 tasse) de jus de raisin concentré congelé

Verser le yaourt et le concentré dans le mélangeur. Mélanger jusqu'à ce que le mélange soit de couleur uniforme. Verser dans des moules à sucettes ou dans des verres. Insérer les bâtons. Congeler 3 à 4 heures ou jusqu'à ce que les bâtons soient bien immobiles. Donne 4 à 6 portions (selon la grosseur des moules utilisés).

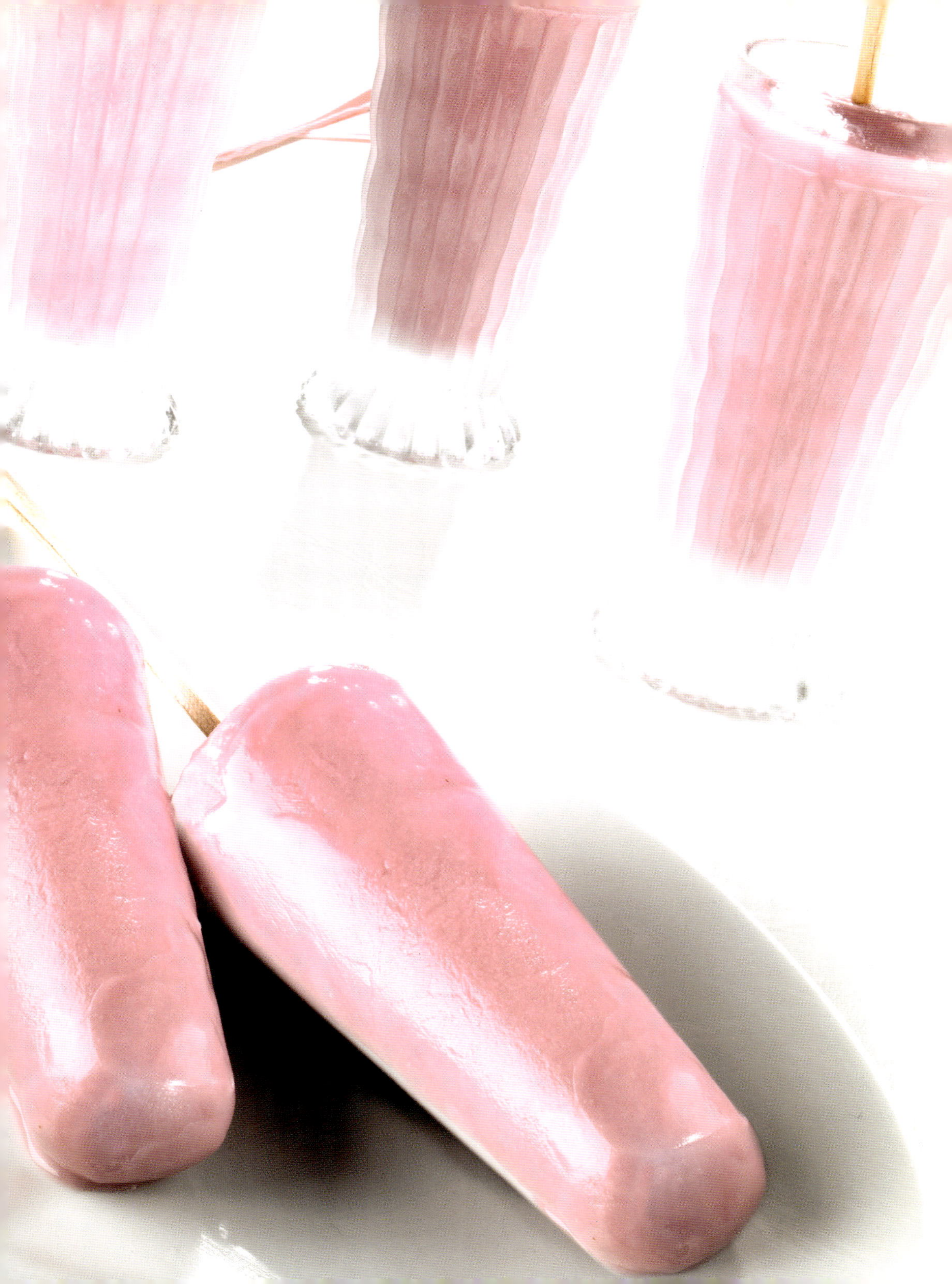

Sandwich
glacé à la crème tropicale

250 ml (1 tasse) de jus de fruits tropicaux concentré congelé
125 ml (1/2 tasse) de lait de coco
125 ml (1/2 tasse) de yaourt nature
5 ml (1 c. à thé) d'extrait de vanille pure
8 biscuits Graham

Saupoudrage optionnel

2 ml (1/2 c. à thé) de poudre de cacao
2 ml (1/2 c. à thé) de cannelle

Mélanger la cannelle et le cacao. Réserver dans un petit tamis fin. Déposer tous les ingrédients dans le mélangeur à l'exception des biscuits et du mélange de cannelle-cacao. Pulser ou mélanger à vitesse moyenne jusqu'à l'obtention d'un mélange homogène. Disposer les biscuits sur une plaque à biscuits recouverte d'une feuille de papier sulfurisé (ciré). Déposer environ 2 cm (3/4 po) de préparation sur 4 biscuits. Saupoudrer légèrement du mélange cannelle-cacao si désiré. Recouvrir d'un biscuit en pressant légèrement. Égaliser les bords à la spatule. Saupoudrer le dessus des biscuits du reste de mélange cannelle-cacao. Congeler 3 à 4 heures ou jusqu'à ce que le dessert soit bien ferme. Donne 4 portions.

Soya-shake

au coulis de petits fruits

2 boules de glace au lait de soya à la vanille

125 ml (1/2 tasse) de lait de soya à la vanille

30 ml (2 c. à soupe) de coulis de petits fruits*

Garniture

Petit fruit frais (bleuet, fraise, framboise ou mûre)

Quelques feuilles de menthe

* Voir la recette de coulis aux petits fruits à la page 249 de la section Desserts (Gâteau de crêpes au coulis de fruits des champs)

Déposer les ingrédients dans le mélangeur sans ajouter le coulis de petits fruits. Mélanger jusqu'à l'obtention d'un mélange homogène et crémeux. Ajouter plus de lait de soya au goût. Déposer une cuillère de coulis au fond d'un verre ou d'une coupe à boisson. Verser la moitié du mélange. Ajouter une cuillère de coulis. Verser le reste du mélange. Garnir d'un petit fruit frais et de feuilles de menthe. Donne une portion d'environ 250 ml (1 tasse) sans compter le coulis.

Milk-shake

au thé vert

5 ml (1 c. à thé) de poudre de thé vert Matcha
2 boules de yaourt glacé à la vanille
125 ml (1/2 tasse) de lait (au choix)

Garniture

5 ml (1 c. à thé) de chocolat râpé
15 ml (1 c. à soupe) de crème chantilly*

* Voir la recette de crème chantilly dans la section Desserts à la page 241.

Déposer les ingrédients sauf la garniture, dans le mélangeur. Mélanger jusqu'à l'obtention d'un mélange homogène et crémeux. Ajouter plus de lait au goût. Verser le mélange dans un verre ou une coupe à boisson. Garnir de chantilly et de chocolat râpé. Donne 1 portion d'environ 250 ml (1 tasse).

Les rafraîchissants cocktails

Bases
des cocktails

Note :

Les portions des recettes de cocktails varieront selon le volume des verres utilisés pour le service.

Givrage salé

Verser du sel dans une assiette. Tremper la bordure du verre dans du jus de citron ou de lime, ou dans un blanc d'œuf battu. Tremper dans le sel. Secouer l'excédent. On peut ajouter des épices ou des herbes en poudre si la recette s'y prête (piment de la Jamaïque, poudre de basilic ou de céleri, sel de céleri).

Givrage sucré

Verser du sucre fin dans une assiette. Tremper la bordure du verre dans du jus de citron ou de lime ou dans un blanc d'œuf battu. Tremper dans le sucre. Secouer l'excédent. On peut ajouter des épices ou des herbes en poudre si la recette s'y prête (cannelle, coriandre, muscade, piment de la Jamaïque).

Base de mousse crémeuse au lait écrémé

Utiliser du lait en poudre écrémé environ 20 ml (4 c. à thé) par 250 ml (1 tasse) d'eau filtrée.
Ajouter simplement dans le mélange vers la fin pour créer une mousse onctueuse.
Varier la saveur en y versant un extrait : vanille pure, orange, menthe, brandy, rhum.

Base de mousse au blanc d'œuf

À un mélange d'environ 250 ml (1 tasse), ajouter 2 ml (1/2 c. à thé) de blanc d'œuf.

Base de mousse style chantilly

Refroidir au préalable le contenant du mélangeur au congélateur. Fouetter la crème au mélangeur en pulsant. Quand elle commence à épaissir, ajouter quelques gouttes d'extrait de vanille pure et du sucre en poudre bio si désiré.

Base à la crème glacée

Une fois le cocktail mélangé, ajouter la crème glacée en garniture en utilisant une petite cuillère parisienne (à melon).

Cocktail

aux mûres

Concentré de mûres

16 mûres décongelées

10 ml (2 c. à thé) de sucre en poudre bio

30 ml (2 c. à soupe) d'eau filtrée

Préparation

250 ml (1 tasse) de jus de fruits des champs

125 ml (1/2 tasse) d'eau pétillante

Morceaux ou tranches de fruits frais pour garnir

Mousse au lait écrémé vanillée (voir recette de base page 147)

10 ml (2 c. à thé) de lait en poudre écrémé

125 ml (1/2 tasse) d'eau filtrée

2 ml (1/2 c. à thé) de sucre en poudre bio (facultatif)

Goutte d'extrait de vanille pure

Déposer les fruits décongelés avec leur jus dans le mélangeur. Verser l'eau et le sucre. Bien mélanger jusqu'à ce que les fruits soient entièrement réduits en purée lisse. Filtrer au chinois (tamis). Déposer dans des cubes à glace pour vous en servir plus tard.

Décongeler un ou deux cubes de concentré de mûres (selon la grosseur du verre). Déposer le concentré à la cuillère au fond du verre. Verser le jus de fruits des champs. Allonger avec de l'eau de source pétillante. Terminer avec une cuillère de mousse au lait écrémé vanillée. Servir avec des morceaux ou des tranches de fruits frais en décoration. Donne 2 portions.

Cocktail

rosé

- 2 kiwis
- 8 à 10 fraises décongelées
- 15 ml (1 c. à soupe) de miel
- 250 ml (1 tasse) de thé à la merthe poivrée
- Eau pétillante
- Tranche de kiwi, fraise ou feuilles de menthe pour garnir

Peler les kiwis. Les trancher en morceaux. Verser le thé à la menthe dans le mélangeur. Incorporer tous les fruits. Réduire en purée lisse. Mélanger jusqu'à l'obtention d'un mélange onctueux. Passer au chinois (tamis) si désiré. Remplir les verres aux trois quarts. Allonger avec de l'eau pétillante. Garnir le bord des verres d'une tranche de kiwi, d'une fraise ou de feuilles de menthe. Donne 2 à 3 portions.

Cocktail

aux canneberges

- 500 ml (2 tasses) de jus de canneberge pur bio
- 250 ml (1 tasse) de jus d'orange pur
- 30 ml (2 c. à soupe) de sirop d'érable (facultatif)
- 2 brins de menthe
- Eau de source pétillante
- Morceaux de fruit frais pour garnir

Incorporer tous les ingrédients dans le mélangeur. Mélanger. Laisser macérer au réfrigérateur 1 heure pour une saveur de menthe plus prononcée. Passer au chinois (tamis) si désiré. Garnir le bord des verres d'un morceau de fruit frais. Donne 4 à 5 portions.

Limonade

d'été

- Le jus de 2 citrons
- Le jus de 2 limes
- 2 brins de menthe poivrée
- 750 ml (2 1/2 tasses) d'eau de source pétillante
- Stévia ou sucre de canne bio
- 3 ou 4 cubes de glace

Garnitures

- Rondelles de lime et de citron
- Feuilles de menthe fraîche
- Morceaux de gingembre confits
- Glace broyée

Mélanger les jus, l'eau, les feuilles de menthe, le sucre ou le succédané (au goût) et les glaçons dans le mélangeur. Pulser au début pour broyer les glaçons. Augmenter la puissance au maximum. Transvaser dans un contenant de verre hermétique. Ajouter des feuilles de menthe fraîche, des tranches de lime et de citron. Macérer 1 à 2 heures au réfrigérateur. Servir dans des verres préalablement réfrigérés. Déposer de la glace broyée, un morceau de gingembre confit ou un glaçon de concentré de fruits (voir note) dans chaque verre.

Note :

Congeler de petits glaçons de concentré de fruits. En fondant, ils ajoutent une variation de saveurs à vos cocktails. Jouer avec les saveurs et les couleurs de glaçons.

Boisson

lait de poule

500 ml (2 tasses) de lait entier
15 ml (1 c. à soupe) de miel
2 jaunes d'œufs (gros)
2 ml (1/2 c. à thé) d'extrait de vanille pure
Pincée de noix de muscade (facultatif)

Garniture

10 ml (2 c. à thé) de chocolat noir en copeaux
1 ml (1/4 c. à thé) de café moulu très fin

Verser le lait dans un chaudron avec le miel. Chauffer à feu moyen. Il ne faut pas que le lait bout. Transvider dans le mélangeur. Ajouter la vanille, la noix de muscade et les jaunes d'œufs. Mélanger immédiatement. Servir chaud ou froid en garnissant de poudre de café ou de chocolat noir si désiré.

Boisson à la fleur d'oranger

500 ml (2 tasses) de lait entier
30 ml (2 c. à soupe) de sucre de canne bio
2 jaunes d'œufs
5 ml (1 c. à thé) d'eau de fleur d'oranger
Rondelles d'orange et feuilles de menthe pour garnir

Chauffer le lait dans un chaudron. Ajouter le sucre. Remuer pour le dissoudre. Il ne faut pas que le lait bout. Retirer du feu. Verser l'eau de fleur d'oranger. Transvider dans le mélangeur. Incorporer les jaunes d'œufs. Mélanger immédiatement. Servir chaud ou froid en garnissant de rondelles d'orange et de feuilles de menthe.

Note : On peut préparer ces boissons au lait à l'avance et les conserver au réfrigérateur quelques jours dans un contenant hermétique. Repasser au mélangeur avant de servir pour mousser les boissons. Au besoin ajouter du blanc d'œuf (environ 5 ml [1 c. à thé]).

Punch épicé
aux fruits tropicaux

- 250 ml (1 tasse) de jus de fruits tropicaux
- 250 ml (1 tasse) de jus d'ananas
- 5 ml (1 c. à thé) de gingembre frais râpé (facultatif)
- 2 ml (1/2 c. à thé) de cardamome moulue
- 1 ml (1/4 c. à thé) de zeste d'orange
- 5 ml (1 c. à thé) de blanc d'oeuf
- 4 à 5 cubes de glace
- Eau pétillante à la lime ou au citron
- Tranches de fruits, écorces d'orange ou brin de menthe pour garnir

Givrer les verres et les refroidir au congélateur si désiré. Verser tous les ingrédients dans le mélangeur sauf l'eau pétillante. Ajouter des glaçons. Mélanger jusqu'à ce que le punch mousse. Allonger d'eau pétillante au moment de servir. Garnir de tranches de fruits au goût, d'écorces d'orange et d'un brin de menthe.

Cocktail
chaud aux pommes et aux épices

1 litre (4 tasses) de jus de pomme brut

250 ml (1 tasse) de jus d'orange pur (sans pulpe)

1 blanc d'œuf

Mélange d'épices

1 ml (1/4 c. à thé) de noix de muscade

1 ml (1/4 c. à thé) de piment de la Jamaïque

1 ml (1/4 c. à thé) de cannelle

2 ml (1/2 c. à thé) d'extrait de vanille pure

10 ml (2 c. à thé) de miel (facultatif)

Décoration : mélange de sucre et de cannelle

10 ml (2 c. à thé) de sucre fin

2 ml (1/2 c. à thé) de cannelle en poudre

Le jus d'une demi-orange

Chauffer le jus à feu moyen avec toutes les épices environ 10 minutes. Goûter. Ajouter le miel si désiré. Mélanger le sucre et la cannelle en poudre dans une assiette plate. Verser le jus d'orange dans un petit bol de la circonférence de vos verres de service. Tremper le bord des verres dans le jus puis les passer dans le mélange de sucre et de cannelle. Verser le cocktail chaud dans le mélangeur. Faire mousser à puissance maximale. Ajouter le blanc d'œuf. Faire mousser. Servir en ajoutant de la mousse à la cuillère. Garnir avec un bâton de cannelle ou saupoudrer de cannelle ou de muscade.

Cocktail

poire et gingembre

- 30 ml (2 c. à soupe) de gingembre râpé
- 30 ml (2 c. à soupe) de sucre de canne bio
- 250 ml (1 tasse) d'eau filtrée
- 2 poires Bartlett mûres
- 10 ml (2 c. à thé) de jus de citron frais
- Eau de source pétillante au citron
- Rondelle de citron pour garnir

Faire bouillir 250 ml (1 tasse) d'eau. Y faire infuser hors du feu le gingembre. Ajouter le sucre et mélanger. Filtrer. Réserver. Refroidir. Couper les poires en morceaux. Verser le jus de citron et l'infusion de gingembre dans le mélangeur. Ajouter les poires. Mélanger jusqu'à consistance lisse. Remplir les verres à moitié. Allonger avec de l'eau pétillante au citron. Servir frais avec des glaçons. Garnir d'une rondelle de citron. Donne environ 4 à 6 portions.

Variation :

Remplacer l'eau pétillante par une infusion de thé vert Sencha. Infuser 5 ml (1 c. à thé) de thé dans 250 ml (1 tasse) d'eau presque bouillante 4 à 8 minutes au goût. Servir chaud ou refroidir en servant sur des glaçons.

Cocktail
au moût de pommes

- 4 à 5 pommes
- 1 ml (1/4 c. à thé) de cannelle
- 750 ml (3 tasses) de moût de pommes pétillant
- Mousse à l'œuf (facultatif)
- Givrage à la cannelle

Givrer les verres d'un mélange de sucre fin et de cannelle si désiré. Conserver au froid. Peler et épépiner les pommes. Couper en morceaux. Cuire à feu doux avec la cannelle. Remuer de temps en temps. Ajouter un peu d'eau si nécessaire. Cuire jusqu'à ce que les pommes soient bien attendries. Verser 250 ml (1 tasse) de moût de pommes dans le mélangeur Ajouter 80 ml (1/3 tasse) de compote de pommes à la cannelle. Mélanger jusqu'à ce que le tout soit bien homogène. Refaire ce mélange 2 autres fois en conservant les mêmes mesures. Remplir les verres aux trois quarts. Allonger avec le reste du moût de pommes. Servir. Donne 6 portions.

Cocktail
antioxydant légumes et pomme grenade

125 ml (1/2 tasse) de jus de légumes

125 ml (1/2 tasse) de jus de pomme grenade

Quelques gouttes de Tabasco

1 ml (1/4 c. à thé) de blanc d'œuf

2 ml (1/2 c. à thé) d'aneth fraîche

Eau pétillante à la lime

Glace pilée

Sel de céleri (bordure des verres)

Feuilles de menthe, rondelle de lime ou morceau de pastèque pour garnir

Préparer les verres en givrant les bords avec du sel de céleri si désiré (voir note sur la façon de givrer les verres à la page 146). Déposer les deux jus dans le mélangeur avec quelques gouttes de Tabasco, l'aneth et le blanc d'œuf. Mélanger à puissance maximale jusqu'à la formation d'une petite mousse. Verser sur de la glace pilée. Allonger avec de l'eau pétillante à la lime. Garnir de feuilles de menthe, d'une rondelle de lime ou d'un morceau de pastèque. Donne 2 à 3 portions.

Cocktail
rose citron

300 g (2 quartiers) de pastèque

60 ml (1/4 tasse) de jus de pamplemousse rose

10 feuilles de menthe douce

Eau pétillante au citron

Feuilles de menthe, rondelle de citron ou morceau de pastèque pour garnir

Couper la pastèque en morceaux. Déposer dans le mélangeur avec le jus de pamplemousse et les feuilles de menthe. Mélanger à puissance maximale jusqu'à la formation d'une petite mousse. Verser immédiatement dans des verres préalablement refroidis. Allonger avec de l'eau pétillante citronnée. Garnir de feuilles de menthe, d'une rondelle de citron ou d'un morceau de pastèque. Donne 2 à 3 portions.

Cocktail

thé vert et bleuet

500 ml (2 tasses) d'infusion au thé vert Sencha

500 ml (2 tasses) de jus de bleuet

125 ml (1/2 tasse) de bleuets décongelés

Mousse au lait

30 ml (2 c. à soupe) de miel

Eau pétillante au citron

Feuilles de menthe ou morceau de fruit frais pour garnir

Préparer une mousse au lait (voir note sur le givrage page 146). Réserver. Rincer le récipient du mélangeur. Incorporer les bleuets et le miel dans le mélangeur avec 125 ml (1/2 tasse) de jus. Réduire en purée lisse. Déposer dans les verres. Rincer le récipient du mélangeur. Verser le reste de l'infusion et le jus. Mélanger. Remplir les verres aux trois quarts. Allonger avec de l'eau pétillante citronnée. Garnir le verre de feuilles de menthe ou d'un morceau de fruit frais. Donne 3 à 4 portions.

Note :

On peut varier la tisane. Une infusion de menthe ou de tilleul serait aussi intéressante pour ce mélange aux fruits.

Les sauces et purées d'accompagnement

Farce

à la ricotta

- 250 ml (1 tasse) de ricotta
- 1 tranche de pancetta
- 1 brin de basilic (5-6 feuilles)
- 1 œuf (gros)
- Huile d'olive extra vierge
- Pincée de muscade
- Sel et poivre noir

Griller la pancetta légèrement. Éponger. Rincer le basilic sous l'eau froide. Éponger. Prélever les feuilles. Déposer tous les ingrédients dans le mélangeur. Pulser jusqu'à l'obtention d'une belle purée. Saler et poivrer au goût. Utiliser pour farcir les poissons, les lasagnes, les raviolis ou les coquilles précuites ou comme accompagnement avec des légumes cuits. Donne environ 4 portions.

Purée
de chou-fleur au chèvre

4 portions de chou-fleur (environ 1/2 chou-fleur)
250 ml (1 tasse) d'eau filtrée
2 ml (1/2 c. à thé) de sel de mer
1 feuille de laurier
30 ml (2 c. à soupe) d'huile d'olive extra vierge
30 ml (2 c à soupe) de fromage parmesan frais râpé
30 ml (2 c. à soupe) de fromage de chèvre crémeux
2 ml (1/2 c. à thé) d'origan frais haché
2 filets d'anchois hachés
Poivre noir moulu

Cuire le chou-fleur à l'eau salée additionnée de la feuille de laurier jusqu'à tendreté. Égoutter. Déposer tous les ingrédients dans le mélangeur avec l'huile. Pulser jusqu'à l'obtention d'une belle purée. Poivrer et saler au goût. Réchauffer au micro-ondes si nécessaire. Servir en accompagnement avec un plat principal de viande, de poisson ou de volaille ou l'utiliser pour farcir des pâtes. Donne 4 portions d'environ 180 ml (3/4 tasse).

Sauce

à l'oignon et à la dinde

- 2 ailes de dinde (4 morceaux)
- 1 oignon moyen
- 2 brins d'estragon
- 2 ml (1/2 c. à thé) de poivre noir moulu
- 375 ml (1 1/2 tasse) d'eau filtrée
- 22 ml (1 1/2 c. à soupe) de fécule de maïs
- Poivre noir moulu

Couper les ailes en 4 morceaux. Préchauffer le four à 190 °C (375 °F). Trancher l'oignon en rondelles d'environ 0,5 cm (1/4 po). Disposer dans une poêle de fonte (ou tout autre plat allant au four). Ajouter les brins d'estragon. Poivrer. Verser 125 ml (1/2 tasse) d'eau. Cuire environ 1 heure ou jusqu'à ce que la chair se détache facilement à la fourchette. Retirer du four. Réserver les morceaux de dinde dans une assiette recouverte d'une feuille d'aluminium. Jeter les brins d'estragon. Fouetter la fécule dans 250 ml (1 tasse) d'eau. Ajouter ce mélange dans la poêle en brassant avec les oignons et cuire à feu moyen jusqu'à épaississement. Saler au goût. Verser dans le mélangeur ou utiliser un mélangeur à immersion pour réduire en sauce lisse. Servir bien chaud avec les ailes et un choix de légumes vapeur. Donne 2 portions.

Purée
de haricots épicée

540 ml (19 oz) de haricots rouges ou noirs	
2 ml (1/2 c. à thé) de cumin	
2 ml (1/2 c. à thé) d'ail haché	
1 ml (1/4 c. à thé) de chili Ancho en poudre	
1 ml (1/4 c. à thé) de piment Chipotle en poudre	
250 ml (1 tasse) de bouillon de poulet bio réduit en sel	

Rincer à plusieurs reprises les haricots sous l'eau froide. Verser le bouillon de poulet dans le mélangeur. Ajouter tous les autres ingrédients. Pulser jusqu'à l'obtention d'une belle purée. Poivrer et saler au goût. Réchauffer au micro-ondes si nécessaire. Utiliser pour garnir des pains tortillas (burritos) en ajoutant de la laitue, des tomates, des oignons verts hachés et en complétant avec de la salsa (voir recette à la page 180) ou servir en trempette. Donne 375 ml (1 1/2 tasse).

Trempette
aux pois chiches et aux fruits secs

- 250 ml (1 tasse) de pois chiches cuits
- 6 abricots secs
- 2 moitiés de tomates séchées réhydratées
- 30 ml (2 c. à soupe) de canneberges séchées
- 125 ml (1/2 tasse) de jus d'abricot chaud
- 15 ml (1 c. à soupe) d'huile d'olive extra vierge
- 30 ml (2 c. à soupe) de pesto au basilic (facultatif)
- 60 ml (1/4 tasse) de jus d'orange
- 125 ml (1/2 tasse) de bouillon de poulet ou de légumes

Pour un beurre plus velouté, frotter les pois chiches entre vos mains pour en détacher la pelure. Déposer tous les ingrédients dans le mélangeur. Pulser en ajoutant de l'huile jusqu'à consistance lisse. Ajouter de l'eau ou du bouillon au besoin. Saler et poivrer au goût. Conserver dans un bocal hermétique au réfrigérateur. Servir en trempette ou l'utiliser pour accompagner de la volaille, des charcuteries ou du porc ou pour farcir des sandwichs. Donne 625 ml (2 1/2 tasses).

Trempette
aux poivrons rouges

540 ml (19 oz) de haricots blancs cuits
4 poivrons rouges grillés marinés
250 ml (1 tasse) de bouillon (poulet ou légumes)
2 ml (1/2 c. à thé) de feuilles de thym
4 feuilles de basilic
30 ml (2 c. à soupe) de persil frais haché
Sel de mer et poivre noir moulu

Déposer tous les ingrédients dans le mélangeur. Mélanger jusqu'à ce que tout soit bien réduit en une purée lisse. Saler et poivrer au goût. Conserver dans un bocal hermétique au réfrigérateur. Servir tiède en accompagnement de plats de légumes cuits au four, ou en trempette. Donne 500 ml (2 tasses).

Purée

de tomates séchées

- 12 à 15 tomates séchées coupées en deux
- 125 ml (1/2 tasse) d'huile d'olive extra vierge
- Brins d'herbes au choix (facultatif)
- Basilic, thym, romarin, ciboulette

Note :

Il est plus difficile de réduire en fine purée des tomates séchées avec un mélangeur. En faisant tremper au préalable les tomates dans l'eau chaude, vous vous rapprocherez de la texture d'une purée. Le résultat sera cependant une base de tomates hachées fin plutôt qu'une purée lisse, mais vous pourrez utiliser cette base pour rehausser quantité de plats.

Chauffer l'huile à feu doux et y déposer les moitiés de tomates séchées pour les attendrir. Retirer du feu. Laisser reposer 1 journée dans un contenant de verre ou de porcelaine. Parer les herbes. Déposer les tomates et l'huile dans le mélangeur. Pulser pour hacher les tomates séchées. Racler entre chaque opération. Répéter jusqu'à ce que les tomates soient hachées finement. Terminer ici et conserver dans un contenant hermétique en verre ou en porcelaine ou ajouter l'herbe choisie et mélanger. Servir cette purée avec des pâtes, l'incorporer dans des omelettes, l'ajouter dans des recettes de v naigrettes ou de sauces ou l'utiliser pour relever des soupes. Donne 160 ml (2/3 tasse).

Pesto

aux trois herbes

30 ml (2 c. à soupe) de feuilles de thym
125 ml (1/2 tasse) de persil frais
125 ml (1/2 tasse) de basilic frais
30 ml (2 c. à soupe) d'huile d'olive
1 gousse d'ail
60 ml (1/4 tasse) de fromage parmesan fraîchement râpé
125 ml (1/2 tasse) de pacanes en morceaux
60 ml (1/4 tasse) d'huile de noix
Sel de mer et poivre noir moulu

Mettre le thym, le persil, le basilic, l'ail, le fromage et les noix dans le récipient en verre du mélangeur avec 30 ml (2 c. à soupe) d'huile d'olive. Pulser au début. Racler le fond entre les pulsions. Ajouter le reste de l'huile d'olive et l'huile de noix. Pulser et racler. Assaisonner au goût avec le sel et le poivre. Conserver dans un contenant hermétique au réfrigérateur. Donne 160 ml (2/3 tasse).

Note :

Substituer le thym régulier par une variété odorante telle que le thym-citron.

Sauce
tomate à la vodka

- 1 boîte (796 ml/28 oz) de tomates italiennes
- 15 ml (1 c. à soupe) de pâte de tomates
- 1 tranche de pancetta
- 1 oignon
- 1 gousse d'ail
- 1 feuille de laurier
- 1 ml (1/4 c. à thé) de basilic séché
- 1 ml (1/4 c. à thé) d'origan séché
- 60 ml (1/4 tasse) de vodka
- Sel et poivre

Faire revenir l'oignon tranché avec la pancetta environ 5 minutes. Dégermer et hacher la gousse d'ail grossièrement. Verser les tomates dans le mélangeur avec les oignons et la pancetta, l'ail, les épices, le sel et le poivre et la pâte de tomates. Mélanger pour que les ingrédients soient en purée grossière. Transvider dans un faitout et cuire à feu moyen. Verser la vodka lorsque la sauce commence à bouillonner. Cuire à feu doux et ensuite à découvert environ 10 minutes pour que l'alcool s'évapore. Couvrir et mijoter environ 90 minutes à 2 heures. Ajouter de l'eau au besoin. Rectifier l'assaisonnement si nécessaire. Retirer la feuille de laurier. Repasser au mélangeur si désiré pour obtenir une sauce veloutée. Servir immédiatement ou conserver dans un bocal hermétique ou encore congeler lorsque la sauce est bien refroidie. Donne 625 ml (2 1/2 tasses).

Coulis

de tomates au vin rouge et basilic

- 5 à 6 tomates moyennes
- 125 ml (1/2 tasse) de vin rouge
- 5 à 6 feuilles de basilic
- 1 petite gousse d'ail (facultatif)
- 1 petite échalote française
- 30 ml (2 c. à soupe) d'huile d'olive extra vierge
- Quelques grains de piment fort broyé (facultatif)
- Sel de mer et poivre noir moulu

Couper les tomates, l'échalote et l'ail en morceaux grossiers. Faire revenir l'échalote dans un grand poêlon dans 5 ml (1 c. à thé) d'huile d'olive. Ajouter les morceaux de tomates, l'ail, les feuilles de basilic et le reste de l'huile d'olive. Remuer. Mouiller au vin rouge. Saler et poivrer au goût. Mijoter à découvert 30 à 45 minutes en remuant de temps à autre. Réduire en fine purée au mélangeur. Filtrer. Rectifier l'assaisonnement au besoin. Servir immédiatement ou conserver dans un bocal hermétique. Congeler lorsque la sauce est bien refroidie. Donne 750 ml (3 tasses).

Salsa

express

- 1 boîte (540 ml/19 oz) de tomates entières
- 1 grosse tomate
- 1 petit oignon jaune
- 1 branche de céleri
- 1 gousse d'ail
- 1 oignon vert
- 30 ml (2 c. à soupe) de coriandre fraîche (facultatif)
- 15 ml (1 c. à soupe) d'huile d'olive
- 2 ml (1/2 c. à thé) de piments jalapenos marinés
- Pincée de sucre (facultatif)
- Sel et poivre
- Pincée de piment chili Ancho moulu

Couper l'oignon et la tomate en morceaux. Mettre tous les ingrédients dans le récipient du mélangeur. Pulser 3 à 4 fois jusqu'à ce que le tout soit bien mélangé (il doit y avoir des morceaux apparents). Rectifier l'assaisonnement au besoin. Conserver dans un ou deux bocaux stérilisés et hermétiques. Donne 750 ml (3 tasses).

Pesto

aux amandes aux 3 poivres

- 125 ml (1/2 tasse) de feuilles de basilic
- 125 ml (1/2 tasse) de persil frais
- 30 ml (2 c. à soupe) de menthe poivrée
- 1 à 2 gousses d'ail
- 45 ml (3 c. à soupe) d'huile d'olive extra vierge
- 60 ml (1/4 tasse) de fromage parmesan fraîchement râpé
- 60 ml (1/4 tasse) d'amandes broyées fin
- 60 ml (1/4 tasse) d'huile de noisettes
- Pincée de cumin
- Poivre 3 couleurs
- Sel de mer

Mettre les herbes, l'ail, l'huile d'olive, le fromage et les amandes broyées dans le récipient en verre du mélangeur avec 30 ml (2 c. à soupe) d'huile de noisettes. Pulser. Racler le fond entre les pulsions. Ajouter le reste de l'huile de noisettes. Pulser et racler. Assaisonner au goût avec le sel, la pincée de cumin et le mélange de poivres. Conserver dans un contenant hermétique au réfrigérateur. Donne 160 ml (2/3 tasse).

Sauce

crue citronnée

- 6 grosses tomates
- 6 olives Kalamata dénoyautées
- 90 ml (3/8 tasse) d'huile d'olive extra vierge
- 1 gousse d'ail
- 2 oignons verts
- 15 ml (1 c. à soupe) de feuilles de céleri hachées
- 60 ml (1/4 tasse) de persil frais
- 125 ml (1/2 tasse) de basilic frais
- 30 ml (2 c. à soupe) d'origan frais
- Le zeste d'un citron
- Sel de mer
- Poivre noir moulu

Hacher grossièrement les tomates, l'ail et les oignons verts. Mettre tous les ingrédients dans le mélangeur. Pulser 3 à 4 fois jusqu'à ce que tout soit bien mélangé. Rectifier l'assaisonnement au besoin. Conserver dans des bocaux stérilisés et hermétiques. 750 ml (3 tasses).

Sauce
à la viande aromatisée au fenouil et au porto

- 450 g (1 lb) de porc haché
- 60 ml (1/4 tasse) de porto
- 1 boîte (796 ml/28 oz) de tomates en conserve
- 30 ml (2 c. à soupe) de pâte de tomates
- 1 petite gousse d'ail hachée
- 10 ml (2 c. à thé) de graines de fenouil rôties
- 5 ml (1 c. à thé) d'origan sec
- 30 ml (2 c. à soupe) d'huile d'olive extra vierge
- 100 ml (1/3 tasse + 2 c. à thé) d'eau filtrée
- Sel et poivre

Réduire les tomates en purée au mélangeur. Faire griller les graines de fenouil à feu moyen en remuant. Dans un faitout verser 15 ml (1 c. à soupe) d'huile d'olive. Faire revenir le porc avec le fenouil et la gousse d'ail à feu moyen. Ajouter les tomates en purée, la pâte de tomates, l'origan, le sel et le poivre. Mouiller au porto. Remuer. Mijoter à découvert environ 30 minutes en ajoutant de l'eau filtrée au besoin. Repasser au mélangeur si désiré. Rectifier l'assaisonnement au besoin. Servir avec des pâtes immédiatement ou conserver dans un bocal hermétique. Congeler lorsque la sauce est bien refroidie. Donne 750 ml (3 tasses).

Sauce
à l'ananas

1/2 ananas mûr en morceaux

2 oignons verts hachés

15 ml (1 c. à soupe) de beurre ou d'huile d'olive

5 graines d'anis étoilé moulu

Pincée de gingembre moulu

Pincée de poudre de cari

Pincée de poivre noir moulu

60 ml (4 c. à soupe) de jus d'ananas

250 ml (1 tasse) de bouillon de poulet réduit en sel

15 ml (1 c. à soupe) de fécule de maïs

15 ml (1 c. à soupe) de jus d'ananas

Chauffer l'huile dans un poêlon à feu moyen. Faire revenir les oignons et l'ananas 8 à 10 minutes. Saupoudrer de poivre et d'épices à mi-cuisson. Mouiller avec le jus et la moitié du bouillon de poulet. Transférer dans le mélangeur. Réduire en purée lisse. Ajouter l'autre moitié du bouillon. Mélanger. Servir chaud avec de la volaille, du poisson ou des légumes sautés

Sauce

aux pommes au romarin

- 5 pommes moyennes (MacIntosh)
- 15 ml (1 c. à soupe) de jus de citron
- 1 oignon vert
- 15 ml (1 c. à soupe) de beurre non salé
- 1 petit brin de romarin
- 15 ml (1 c. à soupe) de cidre de pomme
- 250 ml (1 tasse) de bouillon de légumes réduit en sel

Préparer le bouillon de légumes. Réserver. Peler et épépiner les pommes. Trancher en morceaux. Arroser de jus de citron frais. Trancher l'oignon vert en rondelles. Fondre le beurre dans un poêlon. Couper le romarin en morceaux d'environ 2,5 cm (1 po). Ajouter le romarin et les oignons verts au beurre. Faire revenir les pommes à feu moyen-doux. Lorsqu'elles sont cuites, verser le cidre et laisser s'évaporer l'alcool en remuant. Verser la moitié du bouillon dans le mélangeur avec le mélange de pommes. Pulser jusqu'à l'obtention d'une purée lisse. Ajouter le reste du bouillon. Mélanger. Servir chaud en accompagnement avec des viandes de porc, du poulet ou de l'agneau. Donne 500 ml (2 tasses).

Sauce
à la menthe

60 ml (1/4 tasse) d'épinards cuits
125 ml (1/2 tasse) de feuilles de menthe poivrée
250 ml (1 tasse) de bouillon de poulet réduit en sel
1 échalote française hachée
15 ml (1 c. à soupe) de beurre fondu
Poivre du moulin (facultatif)

Faire suer l'échalote dans le beurre fondu. Chauffer le bouillon. Jeter les feuilles de menthe dans le bouillon chaud. Retirer du feu. Infuser 10 minutes. Transvider dans le mélangeur avec l'échalote et les épinards cuits. Mélanger à vitesse maximum jusqu'à ce que le mélange soit homogène. Servir chaud ou conserver dans un contenant hermétique. Pour accompagner les plats de pâtes, les légumes vapeur, l'agneau. Donne 180 ml (3/4 tasse).

Sauce crue

à la crème sure et aux herbes fraîches

- 250 ml (1 tasse) de crème sure
- 15 ml (1 c. à soupe) de feuilles de menthe douce
- 5 ml (1 c. à thé) de feuilles de thym
- 15 ml (1 c. à soupe) de persil haché
- 2 tomates moyennes
- 1 oignon vert ou 3 brins de ciboulette

Déposer tous les ingrédients dans le mélangeur. Mélanger jusqu'à ce que tout soit bien réduit en une purée lisse. Saler et poivrer au goût. Conserver dans un bocal hermétique au réfrigérateur. Servir tiède en accompagnement de plats de légumes cuits vapeur ou rôtis, ou sur des pâtes de couleur (à l'encre de calmar, aux épinards ou aux tomates). Ajouter de la crème sure au goût pour une texture plus épaisse. Donne environ 625 ml (2 1/2 tasses). (1/4 de recette = env. 160 ml [2/3 de tasse]).

Les soupes et potages

Crème
de champignons express

- 1 gousse d'ail
- 1 échalote française
- 5 ml (1 c. à thé) d'huile de canola (ou d'olive) bio
- 500 ml (2 tasses) de champignons tranchés (Paris, shiitake ou pleurotes)
- 15 ml (1 c. à soupe) de farine d'avoine bio (ou kamut)
- 500 ml (2 tasses) de bouillon de poulet bio (réduit en sel)
- 60 ml (4 c. à soupe) de lait en poudre écrémé
- 2 ml (1/2 c. à thé) d'herbes de Provence
- Poivre noir frais moulu

Préparer le bouillon. Réserver. Hacher l'ail et l'échalote. Transférer dans un poêlon. Faire revenir dans l'huile à feu moyen-doux environ 3 minutes en remuant. Ajouter les champignons et les herbes. Remuer pendant 6 minutes ou jusqu'à ce qu'ils aient sué. Verser la farine en pluie. Mélanger hors du feu. Mettre le bouillon dans le mélangeur. Ajouter les champignons et la poudre de lait écrémé. Pulser jusqu'à consistance crémeuse. Servir chaud ou congeler. Donne 2 portions.

Purée
à la courge sans gluten

- 5 oignons verts
- 500 ml (2 tasses) de bouillon de légumes bio (réduit en sel)
- 5 ml (1 c. à thé) d'huile d'olive bio
- 1 litre (4 tasses) d'eau filtrée
- 5 ml (1 c. à thé) de sel de mer
- 1 courge buttercup moyenne
- 1 ml (1/4 c. à thé) de cumin
- 1 ml (1/4 c. à thé) de curcuma
- Poivre noir moulu

Préparer le bouillon. Réserver. Hacher les oignons verts. Transférer dans un poêlon avec 45 ml (3 c. à soupe) de bouillon et l'huile d'olive. Cuire la courge dans 1 litre (4 tasses) d'eau salée (additionnée de 5 ml [1 c. à thé] de sel de mer), à couvert et à feu doux, jusqu'à tendreté. Retirer la chair avec une cuillère à soupe (env. 500 ml [2 tasses] cuite). Verser le bouillon dans le mélangeur. Ajouter la courge et les épices. Pulser jusqu'à consistance crémeuse. Servir chaud ou congeler. Donne 4 portions.

Crème
douce au chou-fleur à la pomme

1 petit chou-fleur ou environ
1 litre (4 tasses) de tiges et fleurons
250 ml (1 tasse) de lait de soya nature chaud
250 ml (1 tasse) d'eau filtrée chaude
5 ml (1 c. à thé) de sel végé bio
2 ml (1/2 c. à thé) de thym en poudre
250 ml (1 tasse) de purée de pommes non sucrée bio
Poivre noir moulu
30 ml (2 c. à soupe) de persil frais haché

Cuire le chou-fleur dans l'eau bouillante jusqu'à tendreté. Égoutter. Transférer la moitié dans le mélangeur avec la moitié du lait de soya et de la purée de pommes. Ajouter le sel végé et le thym. Pulser jusqu'à consistance crémeuse. Poivrer au goût. Répéter l'opération avec le reste des ingrédients. Servir chaud ou froid, ou congeler en portions individuelles. Saupoudrer de persil frais en garniture si désiré. Donne 4 à 5 portions.

Crème
de céleri sans gluten

1 pied de céleri moyen
1 oignon jaune moyen
500 ml (2 tasses) de bouillon de poulet bio
500 ml (2 tasses) d'eau filtrée
30 ml (2 c. à soupe) de fécule de riz
30 ml (2 c. à soupe) de mayonnaise de soya
Sel de mer et mélange de 3 poivres frais moulu

Cuire le céleri coupé en morceaux (1,25 cm-1/2 po) avec l'oignon tranché dans l'eau et le bouillon chaud jusqu'à tendreté. Transférer la moitié dans le mélangeur avec la moitié de la mayonnaise de soya et de la fécule de riz. Pulser jusqu'à consistance crémeuse. Poivrer et saler au goût. Répéter l'opération avec le reste des ingrédients. Servir chaud ou froid, ou congeler en portions individuelles. Donne 5 portions.

Velouté
au romarin

- 2 pommes de terre (350 g)
- 2 petits oignons verts hachés
- 60 ml (4 c. à soupe) de lait écrémé en poudre
- 500 ml (2 tasses) de bouillon de poulet réduit en sel
- 250 ml (1 tasse) d'eau filtrée
- 4 à 5 brins de romarin
- Poivre noir moulu

Éplucher et trancher les pommes de terre en morceaux. Les piquer. Cuire à l'étuvée avec un brin de romarin. Infuser 2 à 3 brins de romarin supplémentaires dans 250 ml (1 tasse) d'eau bouillante. Réserver. Verser le bouillon, l'infusion de romarin, la poudre de lait écrémé, les oignons verts et les pommes de terre dans le mélangeur. Pulser à plusieurs reprises jusqu'à consistance lisse. Poivrer au goût. Donne environ 3 à 4 portions

Velouté
de patate douce à la dijonnaise

- 2 patates douces moyennes
- 500 ml (2 tasses) de bouillon de poulet bio
- 30 ml (2 c. à soupe) de yaourt nature 0 % mg
- 10 ml (2 c. à thé) de moutarde de Dijon
- Sel et poivre noir moulu
- Brin de coriandre ciselé

Cuire les patates douces coupées en rondelles (1,25 cm-1/2 po) dans le bouillon chaud jusqu'à tendreté (500 ml [2 tasses] cuites). Transférer dans le mélangeur avec le yaourt et la moutarde de Dijon. Pulser jusqu'à consistance crémeuse. Saler et poivrer au goût. Garnir de coriandre ciselée. Servir chaud ou froid, ou congeler en portions individuelles. Donne 4 portions.

Note :

Ajouter au mélangeur de la coriandre fraîche, environ 60 à 125 ml (1/4 à 1/2 tasse) pressée. Une pointe de cayenne ou 2 à 5 ml (1/2 à 1 c. à thé) de pâte de chili rehausserait ce velouté.

Crème
de brocoli citronnée

1 litre (4 tasses) de fleurons de brocoli
500 ml (2 tasses) de bouillon de bœuf bio
2 ml (1/2 c. à thé) d'huile de sésame
15 ml (1 c. à soupe) de jus de citron
2 ml (1/2 c. à thé) de zeste de citron
Sel et poivre de cayenne

Cuire les brocolis coupés en fleurons dans le bouillon chaud jusqu'à tendreté. Transférer dans le mélangeur avec le bouillon restant, l'huile, le jus de citron et le zeste. Pulser jusqu'à consistance crémeuse. Saler et poivrer au goût. Servir chaud ou froid, ou congeler en portions individuelles. Donne 3 à 4 portions.

Soupe

oméga-3 style oriental

30 ml (2 c. à soupe) de miso (Genmai)
625 ml (2 1/2 tasses) d'eau filtrée
250 ml (1 tasse) de chou nappa (ou bok choy)
1 petite gousse d'ail hachée
5 ml (1 c. à thé) de jus de lime
1 œuf oméga-3
15 ml (1 c. à soupe) d'huile de citrouille (ou de chanvre)
1 oignon vert
1 ml (1/4 c. à thé) de zeste de lime pour garnir
Germinations

Trancher le chou et l'ail en morceaux. Chauffer l'eau filtrée. Ajouter le miso. Mélanger à feu moyen. Cuire le chou dans le bouillon avec l'ail haché jusqu'à tendreté. Réduire au mélangeur à immersion ou classique en versant l'huile de citrouille, l'œuf et le jus de lime. Servir chaud. Garnir d'oignon vert, de germinations et de zeste de lime si désiré. Donne 2 portions.

Note :

Le Genmai miso est fait à partir de riz brun fermenté par un procédé naturel. On peut préparer la soupe la veille sans l'œuf. Chauffer et repasser dans le mélangeur avec l'œuf afin d'obtenir la texture mousseuse.

Crème
de lentilles aux légumes

125 ml (1/2 tasse) de lentilles rouges

250 ml (1 tasse) de jus de légumes à l'aneth

250 ml (1 tasse) d'eau filtrée

1 ml (1/4 c. à thé) de sel de mer

2 tranches de bacon bio

30 ml (2 c. à soupe) de lait écrémé en poudre

30 ml (2 c. à soupe) de persil frais + pour la garniture

Poivre noir moulu

Cuire le bacon et l'éponger. Réserver. Cuire les lentilles dans le jus de légumes avec 125 ml (1/2 tasse) d'eau salée à feu doux et à découvert. Transférer dans le mélangeur. Réduire en fine purée avec le lait en poudre, le bacon, 125 ml (1/2 tasse) d'eau et le persil. Poivrer au goût. Servir avec du persil frais ciselé.

Potage
à l'oignon

- 1 gros oignon espagnol (600 à 700 g)
- 1 litre (4 tasses) de bouillon de bœuf bio
- 1 petit bouquet de persil frais haché
- 2 ml (1/2 c. à thé) de marjolaine séchée
- 5 ml (1 c. à thé) de moutarde de Dijon
- 2 tranches de pain grillé (facultatif)
- 60 ml (1/4 tasse) de gruyère ou d'emmenthal râpé

Couper l'oignon en tranches (1,25 cm - 1/2 pouce). Chauffer le bouillon. Cuire l'oignon à feu moyen-doux à moitié couvert avec la marjolaine, jusqu'à tendreté (environ 30 minutes). Ajouter le persil et la moutarde de Dijon quelques minutes avant la fin de la cuisson. Réduire en purée au mélangeur. Servir très chaud sur une tranche de pain grillé avec du fromage râpé. Donne 4 portions.

Soupe
au tofu à la tangerine

250 ml (1 tasse) de bouillon de poulet réduit en sel

150 g (1/2 cube) de tofu soyeux

1 oignon vert

2 ml (1/2 c. à thé) de gingembre frais

Le jus d'une tangerine miel (80 ml [1/3 tasse])

1 poignée de légumes variés (concombre, carotte, courgette)

Hacher l'oignon et le gingembre. Réduire tous les ingrédients au mélangeur. Garnir de légumes frais en allumettes. Servir chaud ou froid. Donne 2 petites portions.

Crème
de tomates express

500 ml (2 tasses) d'eau filtrée
4 grosses tomates
5 ml (1 c. à thé) de sel de mer
5 ml (1 c. à thé) d'oignon vert haché
5 ml (1 c. à thé) d'huile d'olive bio (facultatif)
250 ml (1 tasse) de riz cuit
30 ml (2 c. à soupe) de lait écrémé en poudre
Germinations (tournesol, sarrasin, pois vert)
Croûtons de pain complet

Chauffer l'eau. Ajouter le sel. Pratiquer une entaille en croix sur la peau de chaque tomate. Les déposer dans l'eau chaude quelques minutes à l'aide d'une louche. Peler et retirer le cœur et les graines. Cuire les tomates avec l'oignon vert à feu moyen 5 minutes. Déposer les légumes cuits, le riz et l'huile dans le mélangeur. Réduire en purée. Ajouter le lait en poudre. Mélanger. Saler et poivrer au goût. Servir chaud en garnissant de germinations et de croûtons au goût. Donne 2 portions.

Crème
de poireaux

2 gros poireaux
2 pommes de terre (350 g)
500 ml (2 tasses) de bouillon de poulet
15 ml (1 c. à soupe) d'huile d'olive première pression ou de beurre bio
30 ml (2 c. à soupe) de lait écrémé en poudre
Poivre noir moulu
Eau filtrée supplémentaire

Trancher les pommes de terre en 4 morceaux et les poireaux en rondelles de 1,25 cm (1/2 pouce). Cuire les pommes de terre à l'étuvée dans l'eau salée (environ 2 ml [1/2 c. à thé] de sel). Chauffer le bouillon et y cuire les poireaux jusqu'à tendreté. Réduire en purée dans le mélangeur en y ajoutant l'huile d'olive et la poudre de lait écrémé. Ajouter de l'eau selon l'onctuosité désirée. Poivrer au goût. Donne 4 portions.

Soupe
crémeuse aux asperges, au citron et aux herbes

1 petite échalote française hachée

5 ml (1 c. à thé) d'huile d'olive ou de beurre

24 asperges cuites

250 ml (1 tasse) de bouillon de poulet réduit en sel

125 ml (1/2 tasse) de crème 10 % mg

5 ml (1 c. à thé) de zeste de citron

10 ml (2 c. à thé) de jus de citron frais

Poivre noir moulu

Chambrer la crème. Faire revenir l'échalote dans le beurre ou l'huile environ 2 à 3 minutes, en évitant de la faire brunir. Réchauffer la crème dans le bouillon chaud. Transvider dans le mélangeur. Couper les asperges grossièrement. Les déposer dans le mélangeur avec le zeste de citron. Pulser jusqu'à consistance lisse. Verser le jus de citron. Mélanger. Servir chaud ou froid. Poivrer au goût. Donne environ 3 portions.

Velouté
à la poire cactus

- 6 poires cactus
- 2 pommes de terre moyennes
- Le blanc d'un poireau
- 250 ml (1 tasse) d'eau filtrée
- 2 ml (1/2 c. à thé) de sel de mer
- Brin d'herbe fraîche en garniture (persil, aneth, estragon)

À l'aide de gants épais, peler les poires cactus. Couper le poireau, les poires cactus et les pommes de terre en morceaux. Cuire dans l'eau bouillante salée. Réduire au mélangeur en ajoutant de l'eau de cuisson au besoin. Passer au chinois (tamis). Servir chaud ou froid avec une herbe fraîche ciselée. Donne environ 2 à 3 portions.

Note :

Pour changer la consistance, on peut ajouter de la crème, du lait régulier ou du lait de soya.

Crème
de cresson au pesto

250 ml (1 tasse) de bouillon de poulet réduit en sel
750 ml (3 tasses) d'eau filtrée
1 blanc de poireau
1 botte de cresson
500 ml (2 tasses) de riz brun cuit
10 ml (2 c. à thé) de pesto au basilic
125 ml (1/2 tasse) de crème 10 % mg

Note :

Chambrer la crème au moins 20 minutes avant de servir.

Porter à ébullition le bouillon et l'eau. Trancher le poireau grossièrement. Cuire environ 15 minutes à feu moyen. Retirer du feu. Couper l'extrémité des tiges de cresson. Les incorporer dans le chaudron. Remuer. Couvrir 5 minutes. Transvider dans le mélangeur en 2 ou 3 temps. Pulser jusqu'à consistance lisse. Saler et poivrer au goût. Servir avec de la crème chambrée. Donne 4 portions.

Crème
à la dinde

- 1 bouquet garni (feuille de laurier, brin de thym, brins de persil)
- 1 cuisse de dinde (700 g)
- 1 litre (4 tasses) d'eau filtrée
- 3 carottes
- 1 poireau
- Sel et poivre noir moulu

Pour la crème à la dinde

- 300 g de dinde cuite
- 1 litre (4 tasses) de bouillon de légumes
- 375 ml (1 1/2 tasse) de crème 10 % mg
- Herbes fraîches pour garnir (estragon, persil)

Attacher les herbes choisies avec une ficelle pour former un bouquet garni. Cuire la dinde dans le litre d'eau avec les carottes, le poireau coupés en rondelles et le bouquet garni à feu moyen-doux, dans une casserole à moitié couverte. La cuisson est terminée lorsque la chair se détache à la fourchette. Une fois cuite, dépecer la viande et la trancher grossièrement. Conserver au réfrigérateur. Réserver le bouillon et les légumes cuits.

Chauffer légèrement la crème au micro-ondes. Verser dans le mélangeur environ 250 ml (1 tasse) de chacun : bouillon, légumes cuits et des morceaux de dinde. Pulser jusqu'à consistance crémeuse. Ajouter la crème. Mélanger quelques secondes en pulsant. Rectifier l'assaisonnement. Servir chaud avec une herbe fraîche hachée finement. Donne 5 à 6 portions.

Note :

Vous pouvez utiliser 60 ml (4 c. à soupe) de lait écrémé en poudre pour 250 ml (1 tasse) d'eau filtrée ou du lait régulier en remplacement de la crème.

Potage
de chou-fleur au paprika polonais

- 500 ml (2 tasses) d'eau filtrée
- 1 gousse d'ail
- 250 g (env. 1/2 lb) de fleurons de chou-fleur
- 125 ml (1/2 tasse) de riz blanc cuit
- 60 ml (1/4 tasse) de lait écrémé
- 1 à 2 ml (1/4 à 1/2 c. à thé) de paprika polonais

Cuire le chou-fleur à feu doux avec la gousse d'ail émincée dans l'eau. Ajouter le lait. Remuer. Transférer dans le mélangeur avec le riz cuit. Pulser jusqu'à consistance lisse. Ajouter le paprika. Saler et poivrer au goût. Servir avec une brochette de saucisson hongrois, une petite brochette de volaille ou de mini-fleurons de chou-fleur.

Potage
aux courgettes

- 4 à 5 courgettes (env. 500 g)
- 1 blanc de poireau
- 500 ml (2 tasses) de bouillon de poulet réduit en sel
- 500 ml (2 tasses) d'eau filtrée
- 1 ml (1/4 c. thé) de thym en poudre
- 60 à 125 ml (1/4 à 1/2 tasse) de lait ou de crème
- Mélange de 3 poivres moulu

Chauffer le bouillon et l'eau. Trancher les légumes en morceaux. Cuire dans le bouillon chaud environ 15 minutes avec le thym. Mélanger au mélangeur classique ou au mélangeur à immersion (dans ce dernier cas, maintenir l'appareil au fond du chaudron tout en faisant un mouvement circulaire). Ajouter la quantité de crème ou de lait au goût. Remuer. Poivrer. Donne environ 5 à 6 portions.

Soupe
crue de melon à la menthe

250 ml (1 tasse) de cantaloup

5 feuilles de menthe fraîche

Bien nettoyer les feuilles de menthe. Couper le melon en morceaux grossiers. Mélanger les deux ingrédients jusqu'à l'obtention d'une purée lisse. Donne 1 portion. Augmenter les proportions également selon le nombre de convives.

Crème

de betteraves

2 betteraves (500 g)
1 oignon jaune
1 litre (4 tasses) d'eau
1 gousse d'ail
125 ml (1/2 tasse) de yaourt nature réduit en gras
Un brin de romarin

Couper les betteraves en morceaux et l'oignon en rondelles. Cuire à feu moyen-doux à couvert jusqu'à tendreté. Tiédir. Conserver l'eau de cuisson. Ajouter un brin de romarin. Infuser 5 minutes. Retirer la peau des betteraves. Verser 500 ml (2 tasses) d'eau de cuisson aromatisée au romarin dans le mélangeur. Incorporer les betteraves et les oignons. Réduire en purée lisse. Ajouter le yaourt et pulser pour bien mélanger. Servir chaud. Donne 3 à 4 portions.

Note :

On peut également servir de la crème sure séparément.

Soupe
au maïs et bacon

2 épis de maïs cuits (250 ml [1 tasse])

4 tranches de bacon bio

500 ml (2 tasses) d'eau filtrée

1 cube de bouillon de légumes bio

250 ml (1 tasse) de riz basmati brun cuit

1 oignon vert

15 ml (1 c. à soupe) de lait écrémé en poudre

1 ml (1/4 c. à thé) de curcuma (facultatif)

Cuire le bacon et l'éponger. Chauffer l'eau. Ajouter le cube de bouillon. Hacher l'oignon vert. Détacher soigneusement le maïs des épis avec un couteau. Déposer une partie du bouillon dans le mélangeur. Ajouter le bacon, le riz et l'oignon vert. Réduire en purée dans le mélangeur à vitesse maximale. Servir chaud. Donne 2 portions.

Potage
épicé au potiron

- 500 g (env. 1 lb) de potiron (citrouille) cuit
- 500 ml (2 tasses) d'eau bouillante
- 60 ml (4 c. à soupe) de poudre de lait écrémé
- 5 ml (1 c. à thé) de curcuma
- 1 ml (1/4 c. thé) de coriandre
- 1 ml (1/4 c. thé) de cari
- 0,5 ml (1/8 c. à thé) de cumin
- Cayenne (facultatif)
- 60 ml (4 c. à soupe) de yaourt nature (garniture)
- Coriandre fraîche (garniture)

Couper le potiron en morceaux. Cuire à l'eau à feu moyen-doux à couvert jusqu'à tendreté. Tiédir. Détacher la chair. Faire bouillir 500 ml (2 tasses) d'eau. Procéder en 2 temps. Verser 250 ml (1 tasse) d'eau dans le mélangeur. Incorporer tous les ingrédients sauf le yaourt et la coriandre fraîche. Pulser jusqu'à consistance lisse. Ajouter de l'eau au besoin. Servir avec une cuillère de yaourt et de la coriandre fraîche si désiré. Servir chaud ou froid. Donne 4 à 6 portions.

Les vinaigrettes et trempettes

Émulsion

au sésame et au gingembre

- 125 ml + 30 ml (1/2 tasse + 2 c. à soupe) d'huile de soya
- 60 ml (4 c. à soupe) de beurre de sésame (tahini)
- 15 ml (1 c. à soupe) de gingembre frais haché
- 1 petite gousse d'ail dégermée hachée
- 15 ml (1 c. à soupe) de sauce soya réduite en sel
- 15 ml (1 c. à soupe) d'huile de sésame
- 5 ml (1 c. à thé) de miel
- 5 ml (1 c. à thé) de vinaigre de riz

Déposer tous les ingrédients dans le mélangeur sauf les huiles. Émulsionner en ajoutant lentement les huiles en filet par l'orifice du couvercle. Réfrigérer dans un contenant hermétique stérile. Idéal comme vinaigrette pour les salades ou les crudités. Donne 225 ml (env. 1 tasse).

Sauce

niçoise style mayonnaise

- 250 ml (1 tasse) d'huile d'olive extra vierge
- 125 ml (1/2 tasse) de vinaigre de vin blanc
- 125 ml (1/2 tasse) de parmesan râpé de qualité
- 1 gousse d'ail dégermée et hachée
- 1 filet d'anchois
- 1 jaune d'œuf (gros)
- 5 ml (1 c. à thé) de moutarde de Dijon
- Le jus d'un citron
- 2 ml (1/2 c. à thé) de sauce Worcestershire
- 2 ml (1/2 c. à thé) de câpres (facultatif)

Déposer tous les ingrédients dans le mélangeur sauf l'huile. Émulsionner en ajoutant lentement l'huile en filet par l'orifice du couvercle. Réfrigérer dans un contenant hermétique stérile. Idéal pour les salades, les œufs farcis et les sandwichs. Donne 250 ml (1 tasse).

Note :

Si vous trouvez le goût de l'huile d'olive extra vierge trop prononcé, remplacez-la par une huile plus douce telle que l'huile de canola, l'huile de chanvre, l'huile de tournesol ou l'huile de soya ou encore faites un mélange.

Vinaigrette
au beurre de cajou

- 125 ml + 30 ml (1/2 tasse + 2 c. à soupe) d'huile végétale bio
- 45 ml (3 c. à soupe) de beurre de cajou
- 2 ml (1/2 c. à thé) de Genmai miso ou de sauce tamari réduite en sel
- 5 ml (1 c. à thé) de zeste d'orange
- 5 ml (1 c. à thé) de miel
- 15 ml (1 c. à soupe) de jus d'orange pur
- 2 ml (1/2 c. à thé) de gingembre moulu
- Pincée de poivre de Cayenne (facultatif)

Déposer tous les ingrédients dans le mélangeur sauf les huiles. Émulsionner en ajoutant lentement les huiles en filet par l'orifice du couvercle. Réfrigérer dans un contenant hermétique stérile. Idéal comme vinaigrette pour les salades. Doubler la recette pour mariner des brochettes de porc ou de poulet. Donne 150 ml (env. 1/2 tasse).

Note :

Je vous suggère d'utiliser une huile douce telle que l'huile de canola ou l'huile de soya pour ne pas masquer le goût de cajou.

Émulsion
à la pomme grenade

160 ml (2/3 tasse) de jus de pomme grenade pur

160 ml (2/3 tasse) d'huile d'olive extra vierge

5 ml (1 c. à thé) d'extrait de vanille pure

Verser tous les ingrédients dans le mélangeur sauf l'huile. Émulsionner en ajoutant lentement l'huile en filet par l'orifice du couvercle. Réfrigérer dans un contenant hermétique stérile. Idéal pour arroser les salades mixtes de fruits, de noix et de fromage. Donne 250 ml (1 tasse).

Sauce
à l'arachide

- 125 ml + 30 ml (1/2 tasse + 2 c. à soupe) d'huile végétale bio
- 45 ml (3 c. à soupe) de beurre d'arachide
- 5 ml (1 c. à thé) de pâte de chili
- 5 ml (1 c. à thé) de sauce tamari réduite en sel
- 10 ml (2 c. à thé) de vinaigre de riz
- 10 ml (2 c. à thé) de miel
- 5 ml (1 c. à thé) de gingembre en morceaux
- 1 petite gousse d'ail

Presser la gousse d'ail et ensuite le gingembre dans un presse-ail au-dessus du mélangeur. Déposer tous les autres ingrédients dans le mélangeur. Réduire en sauce à vitesse maximum quelques minutes. Réfrigérer dans un contenant hermétique stérile. Idéal pour les salades et les brochettes de poulet ou de porc et comme trempette pour les crudités. Donne 200 ml (env. 3/4 tasse).

Sauce

au tofu soyeux (style mayonnaise)

- 300 g (1 tasse) de tofu soyeux
- 5 ml (1 c. à thé) de moutarde de Dijon
- 45 ml (3 c. à soupe) d'huile de citrouille
- 2 ml (1/2 c. à thé) de sel de mer
- Pincée de sucre

Déposer tous les ingrédients dans le mélangeur sauf l'huile. À vitesse maximum, émulsionner en ajoutant lentement l'huile en filet par l'orifice du couvercle. Réfrigérer dans un contenant hermétique stérile. Donne 330 ml (1 1/3 tasse).

Note :

Je vous suggère d'utiliser d'autres huiles pour apporter de nouvelles saveurs à cette recette de base telles que huile de noisettes, de noix, de chanvre ou de canola bio.

Émulsion

à la framboise

- 170 g (1 1/2 tasse) de framboises décongelées
- 90 ml (6 c. à soupe) d'huile d'olive extra vierge
- 15 ml (3 c. à thé) de vinaigre balsamique
- 45 ml (3 c. à soupe) de jus d'orange pur
- 15 ml (3 c. à thé) de miel

Verser tous les ingrédients dans le mélangeur sauf l'huile. Émulsionner en ajoutant lentement l'huile en filet par l'orifice du couvercle. Réfrigérer dans un contenant hermétique stérile. Accompagne bien les salades mixtes de pommes et de noix de Grenoble. Donne 250 ml (1 tasse).

Sauce
à salade de base (style mayonnaise)

250 ml (1 tasse) d'huile végétale bio

5 ml (1 c. à thé) de moutarde de Dijon

30 ml (2 c. à soupe) de jus de lime ou de citron

5 ml (1 c. à thé) de vinaigre de cidre de pomme bio

1 ml (1/4 c. à thé) de sel de mer

1 ml (1/4 c. à thé) de poivre (blanc ou noir)

15 ml (1 c. à soupe) d'une herbe au choix (estragon, menthe, coriandre, thym)

Déposer tous les ingrédients et votre herbe préférée dans le mélangeur sauf l'huile. Faire tourner le mélangeur à faible vitesse en ajoutant lentement l'huile en filet par l'orifice du couvercle. Réfrigérer dans un contenant hermétique stérile. Donne 250 ml (1 tasse).

Note :

Je vous suggère d'utiliser d'autres vinaigres pour apporter de nouvelles saveurs à cette recette de base, par exemple du vinaigre de framboise, de vin rouge ou de vin blanc.

Émulsion

canneberges sirop d'érable

114 g (1 tasse) de canneberges décongelées

60 ml (4 c. à soupe) d'huile de canola

15 ml (3 c. à thé) de vinaigre balsamique

60 ml (4 c. à soupe) de jus de canneberges pur et de jus d'orange pur

10 ml (2 c. à thé) de sirop d'érable

Verser tous les ingrédients dans le mélangeur sauf l'huile. Émulsionner en ajoutant lentement l'huile en filet par l'orifice du couvercle. Réfrigérer dans un contenant hermétique stérile. Accompagne bien les salades mixtes de pommes et de noix de Grenoble. Donne 250 ml (1 tasse).

Sauce
à l'avocat et aux pêches

1 avocat moyen mûr

125 ml (1/2 tasse) de yaourt aux pêches

Pincée de cannelle (facultatif)

Pincée de sel de mer

Déposer tous les ingrédients dans le mélangeur. Réduire en sauce à vitesse maximum moins d'une minute. Réfrigérer dans un contenant hermétique stérile. Servir avec des crudités, une salade de thon ou une salade mixte aux amandes. Donne 250 ml (1 tasse).

Émulsion

fraises et vinaigre balsamique

- 24 fraises moyennes décongelées
- 90 ml (6 c. à soupe) d'huile d'olive extra vierge
- 12 ml (2 1/ 2 c. à thé) de vinaigre balsamique
- 3 gouttes d'extrait de menthe poivrée
- 7 ml (1 1/ 2 c. à thé) de miel
- Poivre noir moulu

Verser tous les ingrédients dans le mélangeur sauf l'huile. Émulsionner en ajoutant lentement l'huile en filet par l'orifice du couvercle. Réfrigérer dans un contenant hermétique stérile. Poivrer au goût. Idéal pour les salades comprenant des fruits (poires). Donne 250 ml (1 tasse).

Les succulents desserts

Mini trifle

aux bleuets et aux abricots

Trifle : Dessert anglo-saxon composé de couches superposées de fruits, de crème, de biscuits ou de morceaux de gâteau servi dans une coupe.

Petit gâteau à la cardamome

- 250 ml (1 tasse) de farine avec levain incorporé
- 1 gros œuf à la température de la pièce
- 80 ml (1/3 tasse) de beurre mou
- 125 ml (1/2 tasse) de sucre granulé
- 30 ml (2 c. à soupe) de miel
- 80 ml (1/3 tasse) de yaourt nature
- 2 ml (1/2 c. à thé) d'extrait de vanille pure
- Le zeste d'un citron
- 5 ml (1 c. à thé) de cardamome en poudre

Saupoudrage optionnel

- 5 ml (1 c. à thé) de cardamome
- 30 ml (2 c. à soupe) de sucre granulé

Garniture

- Coulis aux bleuets et aux abricots
- Crème chantilly

Préchauffer le four à 175 °C (350 °F). Déposer le beurre, le sucre, le miel, le yogourt et l'œuf dans le mélangeur. Pulser à quelques reprises. Racler les bords. Ajouter la farine en 3 fois. Mélanger à haute vitesse tout en raclant, le moteur à l'arrêt. Ajouter la vanille, le zeste de citron et la cardamome. Mélanger jusqu'à l'obtention d'une pâte homogène. Verser le mélange dans un moule carré de 20 cm (8 po) graissé et enfariné. Cuire 25 à 30 minutes. Vérifier la cuisson en piquant un cure-dent au centre du gâteau : il doit en ressortir sec. Attendre 15 minutes environ avant de démouler. Refroidir complètement avant de servir. Congeler en portions individuelles.

Coulis aux bleuets et aux abricots

- 250 ml (1 tasse) de bleuets sauvages
- 15 abricots séchés
- 125 ml (1/2 tasse) de jus d'abricot (ou d'orange)
- 60 ml (1/4 tasse) de miel

Tremper les abricots dans 180 ml (3/4 tasse) d'eau bouillante. Déposer les fruits dans le mélangeur. Ajouter le miel et le jus. Mélanger à vitesse maximale. On peut également servir ce coulis avec un gâteau, une glace, des crêpes ou du yaourt. Congeler dans des sacs de plastique refermables ou dans un contenant hermétique. Fouetter le coulis avant de servir pour le rendre homogène. Donne environ 330 ml (1 1/3 tasse).

Crème chantilly

- 250 ml (1 tasse) de crème à fouetter 35 % mg
- 10 ml (2 c. à thé) de sucre à glacer
- 2 à 3 ml (1/2 à 3/4 c. à thé) d'extrait de vanille pure

Verser la crème, le sucre et la vanille dans le mélangeur par l'orifice du bouchon. Insérer le bouchon. Mélanger à puissance maximale ou en pulsant pour mieux contrôler l'épaississement, qui se fait très rapidement au mélangeur. Vérifier le degré d'épaississement en secouant le mélangeur hors du socle : la crème doit être ferme. Ne pas trop fouetter pour éviter qu'elle ne se sépare en beurre. Dévisser la base et racler la crème qui s'y trouve. Doubler la recette selon la quantité désirée comme garniture.

Montage du dessert

Trancher le gâteau en petites portions (cubes ou rectangles). Verser une cuillère de crème chantilly au fond de chaque contenant. Déposer une tranche de gâteau (ou des petits cubes) par-dessus. Ajouter une cuillère de coulis aux bleuets et abricots, puis napper de crème. Recommencer en alternant les ingrédients. Conserver au réfrigérateur ou servir immédiatement.

Tuiles farcies

sauce aux pommes et crème chantilly

60 ml (1/4 tasse) de beurre fondu non salé
95 ml (1/3 tasse +1 c. à soupe) de farine tout usage
125 ml (1/2 tasse) de sucre à glacé
2 blancs d'œufs
Pincée de sel

Sauce aux pommes au cidre de glace

4 pommes MacIntosh
30 ml (2 c. à soupe) de sirop d'érable
15 ml (1 c. à soupe) de cidre de glace

Préchauffer le four à 190 °C (375 °F). Monter les blancs d'œufs en neige avec la pincée de sel. Mettre le beurre, le sucre glace et la farine dans le mélangeur. Ajouter la moitié des blancs et mélanger en pulsant. Racler les bords du récipient. Ajouter le reste de blanc d'œuf. Mélanger. Réfrigérer environ 4 heures. Déposer de petites cuillérées (selon la taille désirée) sur une plaque à biscuits légèrement graissée. Espacer chaque tuile de 5 cm (2 po). Cuire environ 8 à 10 minutes – il ne faut pas trop les cuire. Retirer rapidement du four et les enrouler délicatement sans se brûler autour d'une bouteille de verre ou d'un rouleau à pâte ou encore les déposer dans des moules à muffins ou former des cigares. Bien refroidir avant de les garnir. Donne environ 10 tuiles.

Sauce aux pommes au cidre de glace

Peler les pommes. Les trancher en morceaux. Chauffer une poêle antiadhésive à feu moyen. Cuire les pommes avec le sirop d'érable en remuant de temps en temps. Lorsqu'elles sont tendres (ramollies jusqu'au centre), verser le cidre de glace. Remuer pour bien enrober les pommes et pour que l'alcool s'évapore. Déposer les fruits dans le mélangeur. Mélanger jusqu'à consistance lisse. Congeler dans des sacs de plastique refermables ou dans un contenant hermétique. Fouetter la sauce avant de servir pour la rendre homogène. Donne Environ 160 ml (2/3 tasse). Garnir les tuiles d'une bonne cuillérée de sauce et de crème chantilly.

Cupcakes
au café

- 125 ml (1/2 tasse) de beurre fondu non salé
- 90 ml (3/8 tasse) de cassonade bio
- 1 œuf oméga-3
- 2 ml (1/2 c. à thé) d'extrait de vanille pure
- 280 ml (1 tasse + 2 c. à soupe) de farine bio non blanchie
- 7 ml (1 1/2 c. à thé) de poudre à pâte
- 1 ml (1/4 c. à thé) de bicarbonate de soude
- 2 ml (1/2 c. à thé) de sel
- 125 ml (1/2 tasse) de lait à température de la pièce
- 15 ml (1 c. à soupe) de café instantané
- 5 ml (1 c. à thé) de rhum brun
- 2 ml (1/2 c. à thé) d'extrait de vanille pure
- 60 ml (4 c. à soupe) de pépites de chocolat blanc ou noir (facultatif)
- Huile végétale

Préchauffer le four à 190 °C (375 °F) et préparer des moules à muffins. Graisser les parois intérieures du mélangeur avec un pinceau imbibé d'huile végétale. Verser la vanille et le rhum dans le lait. Tamiser les ingrédients secs. Verser dans le mélangeur le beurre fondu, la cassonade et les œufs. Battre 2 minutes à vitesse élevée en ajoutant le lait vanillé à la toute fin. Incorporer les ingrédients secs en 3 fois en mélangeant à vitesse moyenne 30 secondes. Racler les bords entre les additions. Remplir à moitié les moules graissés. Déposer 4 à 5 pépites de chocolat par cupcake pour une version chocolat plus sucrée. Recouvrir de pâte afin de remplir les moules aux trois quarts. Cuire environ 15 à 20 minutes ou jusqu'à ce qu'un cure-dent en ressorte propre. Refroidir complètement sur une grille avant de les ranger dans des contenants hermétiques ou de les congeler. Donne environ 20 mini cupcakes ou 10 réguliers. Servir avec un coulis de poire si désiré.

Sauce à la poire et au gingembre

1 poire

15 ml (1 c. à soupe) de gingembre frais

15 ml (1 c. à soupe) de cassonade
ou 5 ml (1 c. à thé) de miel

Eau filtrée

Peler la poire et le morceau de gingembre. Les trancher en morceaux. Déposer les fruits dans le mélangeur. Ajouter le sucre. Mélanger jusqu'à consistance lisse. Congeler dans des sacs de plastique refermables ou dans un contenant hermétique. Fouetter la sauce avant de servir pour la rendre homogène. Donne environ 125 ml (1/2 tasse).

Beignets légers
aux bananes et au sirop d'érable

3 à 4 bananes moyennes
Sirop d'érable
Rhum brun (facultatif)
250 ml (1 tasse) d'huile de canola (pour la friture)

Recette de pâte à tempura

125 ml (1/2 tasse) de farine de riz blanche
125 ml (1/2 tasse) de farine régulière
1 ml (1/4 c. à thé) de sel de mer
180 ml (3/4 tasse) d'eau glacée

Chauffer le rhum avec le sirop d'érable. Réserver. Couper les bananes en bouchées d'environ 2,5 cm (1 po). Huiler le contenant. Déposer l'eau glacée, les farines et le sel dans le mélangeur. Mélanger jusqu'à l'obtention d'une pâte lisse tout en raclant les bords. Verser la préparation dans un petit bol. Enrober chaque morceau de banane de pâte tempura. Frire dans l'huile chaude. Éponger. Servir avec du sirop d'érable au rhum dans des assiettes de service. Congeler le reste de pâte. Donne 24 portions.

Note :

Pour une recette sans gluten n'utiliser que des fécules : amarante, manioc (tapioca), maïs ou riz.

Cupcakes
aux amandes

- 60 ml (1/4 tasse) de beurre mou non salé
- 2 œufs moyens
- 125 ml (1/2 tasse) de yaourt nature
- 125 ml (1/2 tasse) de miel
- 1 ml (1/4 c. à thé) d'extrait de vanille pure
- 15 ml (1 c. à soupe) de jus de citron
- Le zeste d'un demi-citron
- 560 ml (2 1/4 tasses) d'amandes moulues fin
- 1 ml (1/4 c. à thé) de bicarbonate de soude
- 1 ml (1/4 c. à thé) de sel de mer
- Chocolat noir fondu pour garnir

Préchauffer le four à 160 °C (325 °F). Préparer des moules à muffins. Badigeonner le récipient d'huile végétale. Déposer les 5 premiers ingrédients dans le mélangeur. Pulser puis passer à la vitesse moyenne. Racler les bords. Enlever le bouchon du couvercle du mélangeur. Verser la moitié de la poudre d'amandes, le jus et le zeste de citron, le bicarbonate et le sel. Mélanger à puissance maximale. Racler les bords. Verser l'autre moitié de la poudre d'amandes et répéter l'opération. Mélanger jusqu'à l'obtention d'une pâte lisse. Verser dans des moules en papier ou en silicone. Cuire 20 minutes puis recouvrir d'une feuille d'aluminium et cuire 15 minutes. Refroidir complètement avant de servir. Décorer avec un filet de chocolat noir fondu dans l'assiette.

Gâteau de crêpes
au coulis de fruits des champs

Recette de pâte à crêpes

- 375 ml (1 1/2 tasse) de farine de kamut bio
- 80 ml (1/3 tasse) d'amandes moulues (farine)
- 6 ml (1 1/4 c. à thé) de bicarbonate de soude
- 1 ml (1/4 c. à thé) de sel de mer
- 1 œuf oméga-3
- 375 ml (1 1/2 tasse) de lait entier
- 1 ml (1/4 c. à thé) d'extrait de vanille pure
- 30 ml (2 c. à soupe) d'huile végétale (olive, canola bio)

Coulis de petits fruits

- 2 pommes moyennes
- 5 ml (1 c. à thé) de jus de citron
- 250 ml (1 tasse) de petits fruits (mûres, fraises, framboises)
- 60 ml (1/4 tasse) de sucre (ou de nectar d'agave moins 5 ml [1 c. a thé])

Tamiser la farine avec le bicarbonate de soude et le sel. Ajouter la farine d'amandes. Verser la vanille dans le lait. Enlever le bouchon du couvercle du mélangeur. Badigeonner le récipient d'huile végétale. Verser le lait par l'orifice avec l'œuf et la moitié de la farine. Mélanger à puissance maximale. Racler le récipient. Verser le reste de farine. Mélanger jusqu'à l'obtention d'une pâte lisse. Chauffer une plaque anti-adhésive à feu moyen élevé. Verser une petite quantité du mélange pour former de petits cercles d'environ 13 cm (5 po). Retourner les crêpes lorsqu'elles sont dorées. Servir chaud en superposant les crêpes nappées de coulis de petits fruits. Donne 8 portions.

Coulis de petits fruits

Peler et épépiner les pommes. Les trancher en morceaux. Cuire 5 minutes dans l'eau bouillante citronnée. Égoutter. Déposer tous les fruits dans le mélangeur. Ajouter le sucre et le jus de citron. Mélanger. Congeler dans des sacs de plastique refermables ou dans un contenant hermétique. Fouetter le coulis avant de servir pour le rendre homogène. Donne environ 500 ml (2 tasses)

Coulis

de courge poivrée à la sauge

250 ml (1 tasse) de courge poivrée cuite
250 ml (1 tasse) de jus d'ananas
8 feuilles de sauge

Chauffer le jus d'ananas. Lorsqu'il commence à frémir, infuser les feuilles de sauge et retirer du feu. Macérer 8 minutes ou plus selon l'intensité désirée. Jeter les feuilles. Verser le jus dans le mélangeur. Ajouter la courge. Mélanger jusqu'à consistance lisse. Donne environ 160 ml (2/3 tasse). Servir avec une salade de fruits, un sorbet ou un morceau de gâteau.

Dessert

croquant aux fraises et aux kiwis

Coulis aux kiwis

3 kiwis

1 ml (1/4 c. à thé) de coriandre moulue

5 ml (1 c. à thé) de miel

5 ml (1 c. à thé) de jus de fruits tropicaux

Croustillants

2 carrés de pâte à ravioli chinois (wonton) (par portion)

Huile à friture (canola, arachide)

2 boules de crème glacée aux fraises (par portion)

Montage du dessert

Frire les raviolis dans l'huile chaude. Éponger sur un papier essuie-tout. Réserver. Déposer une cuillère de coulis aux kiwis dans l'assiette. Poser un ravioli frit. Ajouter 1 boule de crème glacée. Recouvrir d'un deuxième ravioli frit sur lequel on dépose une seconde boule de crème glacée. Napper d'une cuillère de coulis. Servir immédiatement.

Peler les kiwis. Déposer les kiwis, le miel, la coriandre et le jus de fruits tropicaux dans le mélangeur. Mélanger. Filtrer si désiré. Congeler dans des sacs de plastique refermables ou dans un contenant hermétique. Fouetter le coulis avant de servir pour le rendre homogène. Donne environ 160 ml (2/3 tasse).

Tartelettes

crème et pacanes

15 à 20 tartelettes de pâte phyllo

Garniture aux œufs
3 œufs
250 ml (1 tasse) de lait entier
125 ml (1/2 tasse) de sucre granulé
1 ml (1/4 c. à thé) de muscade
Quelques gouttes d'extrait de vanille pure
20 pacanes entières

Mélanger les œufs et la vanille avec le lait et le sucre dans le mélangeur. Transférer dans un bol en verre et laisser reposer. Mélanger à quelques reprises jusqu'à ce que le sucre soit fondu. Chauffer un bain-marie. Transférer le mélange et cuire environ 5 à 10 minutes en fouettant. Saupoudrer la muscade en cours de cuisson. Si la consistance est grumeleuse, remettre dans le mélangeur pour obtenir une crème bien lisse. Remplir les tartelettes. Garnir d'une pacane. Refroidir ou servir tiède. Donne environ 15 à 20 portions selon la grosseur des tartelettes utilisées.

Note :

Cette garniture peut se cuire également au four dans un plat de verre (pyrex) graissé. Déposer le plat dans un récipient à moitié rempli d'eau chaude et cuire dans un four préchauffé à 180 °C (350 °F) environ 30 minutes ou jusqu'à ce que le centre soit ferme. Garnir les tartelettes du mélange refroidi.

Clafoutis

aux abricots et aux canneberges

- 2 gros œufs
- 15 ml (1 c. à soupe) de farine tout usage
- 60 ml (1/4 tasse) de lait entier à température de la pièce (ou moitié crème moitié lait)
- Quelques gouttes d'extrait de vanille pure
- 15 ml (1 c. à soupe) de sucre granulé
- 8 moitiés d'abricots en boîtes
- 20 canneberges congelées

Chambrer le lait dans une tasse et y ajouter le sucre et la vanille. Remuer. Préchauffer le four à 200 °C (400 °F). Couper les abricots en morceaux. Conserver les canneberges congelées. Déposer le lait, les œufs et la farine dans le mélangeur. Mélanger jusqu'à ce qu'une mousse se forme. Verser la préparation dans des ramequins beurrés. Diviser en deux parties égales les fruits et les incorporer au mélange. Cuire environ 25 à 30 minutes. Refroidir complètement hors du four avant de servir. Donne 2 portions de 125 ml (1/2 tasse).

Note :

Pour servir 4 petites portions, utiliser des moules à muffins beurrés ou en silicone et surveiller le temps de cuisson. Remplacer les abricots en boîtes par des abricots séchés préalablement trempés une nuit dans l'eau bouillante ou encore par des abricots frais en saison. D'autres variétés de farine (kamut, blé entier) et diverses fécules peuvent très bien remplacer la farine tout usage employée dans cette recette.